ROHINI SINGH

Der kleine Vogel, der ausflog und zu sich selbst zurückfand

ROHINI SINGH

Der kleine Vogel, der ausflog und zu sich selbst zurückfand

Eine Parabel

Mit Illustrationen von Parinita Purohit

Aus dem Englischen übersetzt
von Ulrike Strerath-Bolz

HERDER

FREIBURG · BASEL · WIEN

MIX
Papier aus verantwortungsvollen Quellen
FSC® C083411
www.fsc.org

Titel der Originalausgabe:
Free Fall. The Journey Home

English language publication 2015 by Hay House Publications (India) Pvt. Ltd.

www.herder.de

Satz: post scriptum, Emmendingen / Hüfingen
Herstellung: CPI books GmbH, Leck

Printed in Germany

ISBN 978-3-451-31233-5

Für Shona, die mich das Fliegen gelehrt hat.

Und für Mooji, die es verkörpert.

Es geschah immer, wenn sie erwachte – ein Gefühl, als wäre sie an einem anderen Ort, ohne genau zu wissen, wo. Der Ort entglitt ihr, sobald sie die Augen öffnete, und so sehr sie es auch versuchte, sie konnte ihn nicht zurückholen.

1

Der Morgen brach an. Shona schüttelte ihr Gefieder durch, neigte den Kopf und schaute aus dem Fenster. Der Himmel verfärbte sich zu einem sanften Rosa. Die Blätter des Mangobaums liebkosten die Fensterscheibe. Weiter entfernt konnte sie einen kräftig rosafarbenen Busch sehen, der auf der anderen Seite der Steinmauer schlief. Immer, wenn Shona aus dem Fenster schaute, staunte sie über diesen rosafarbenen Busch. Je heißer die Sonne brannte, desto strahlender und frischer sah er aus. Wenn alle anderen Pflanzen in der heißen Sommersonne erschöpft die Köpfe hängen ließen, sah er umso schöner aus.

Heute jedoch schaute sie hinaus, ohne wirklich etwas zu sehen. Wieder einmal spürte sie die vertraute Unruhe. Es geschah immer, wenn sie erwachte – ein Gefühl, als wäre sie an einem anderen Ort, ohne genau zu wissen, wo. Der Ort entglitt ihr, sobald sie die Augen öffnete, und so sehr sie es auch versuchte, sie konnte ihn nicht zurückholen. Er war wie der Himmel, murmelte sie bei sich und schaute hinaus zu dem sanft rosafarbenen Himmel, der sich jetzt schon kräftiger orange färbte. Was kam da nachts zu ihr und verschwand, sobald es vom Tageslicht berührt wurde?

Rätselhaft. Sie schüttelte den Kopf, als könnte sie damit den Gedanken vertreiben, und schaute hinunter von der Sitzstange in dem schönen Käfig, in dem sie zu Hause war.

Im selben Moment streckte sich ihr Freund Jazz, der schöne goldfarbene Hund, schüttelte sich und setzte sich bedeutungsvoll hin. Gerade hatte er noch geschlafen, jetzt war er wach und untersuchte irgendetwas unter dem Teppich. Er bellte laut, lief zum Fenster, stützte seine Vorderpfoten auf das Fensterbrett und schaute wissend hinaus. Dann bellte er wieder. Die Zunge hing ihm aus dem Maul, mit der Nase berührte er die Fensterscheibe. Shona fragte sich, ob er auch so abenteuerliche Reisen gemacht hatte wie sie. Und wenn ja, konnte er sie jagen wie die Maus, die er gestern gejagt hatte? Oder liefen sie ihm weg, gerade außerhalb seiner Reichweite wie die Frösche im Garten, die er immer jagte? Vielleicht würde sie ihn einmal danach fragen, dachte sie abwesend. Demnächst einmal, wenn sie allein wären.

Jazz war Shonas bester Freund, sie konnte sich immer auf seinen Rat verlassen. Er war klüger und älter als sie, schon zehn Jahre, für einen Hund war das offenbar ein reifes Alter. Jedenfalls hatte das ihre Herrin Sheila zu einer Freundin gesagt, die zu Besuch kam. Shona plauderte gern mit Jazz, er hatte ganz eigene Ansichten über die Welt. Oft, wenn am Nachmittag das ganze Haus still und schläfrig wirkte, sprang sie auf die Armlehne eines Sofas. Dann lag Jazz neben ihr, und sie unterhielten sich.

Die Katze Rani war da ganz anders. Sie blieb auf Distanz, ganz nach Katzenart, und lebte lieber in ihrer eigenen Welt. Sie liebte (und lebte) ihren Namen: die Königin, die Königliche. Wenn sie gerufen wurde, stand sie auf, achtete aber darauf, keine ungebührliche Eile oder Aufregung zu zeigen. Sie schüttelte sich und ging dann, Nase und Schwanz hoch in der Luft, langsam und anmutig in die Küche oder in den Garten. Oder sie sprang auf Sheilas Schoß, den sie für ihren ureigenen Platz hielt. Nie zeigte sie Hast oder Ungeschicklichkeit. Jeder Schritt, jedes Handeln, jede Geste war wohl abgemessen und richtig. Shona fing oft die abfälligen Blicke der Katze auf Jazz auf, der sich für alles und jedes interessierte. Das war eindeutig nicht Ranis Stil.

Rani war sehr wählerisch, auf was oder wen sie ihre Aufmerksamkeit richtete. Wenn sie sprach, erwartete sie das ungeteilte Interesse ihres Publikums. Eines ihrer Lieblingsthemen waren ihre Vorfahren. Nie wurde sie müde, Jazz und Shona mit Geschichten von ihren Eltern und Großeltern zu fesseln, die aus Persien stammten. Sie erzählte von den reichen Häusern, in denen sie gelebt hatten, wie man sie verwöhnt hatte, zu welchen königlichen Familien sie gehört hatten und wie sie selbst geboren worden war. Sie hielt immer inne, bevor sie dann von dem Tag erzählte, an dem Sheila gekommen war, um sie abzuholen: Wie Sheila einen einzigen Blick auf die Kätzchen geworfen und sofort entschieden hatte, dass sie Rani haben wollte, das reizendste, schönste Kätzchen aus dem ganzen Wurf. Ihre großen grünen Augen wurden noch größer und funkelten, wenn sie diese Geschichte erzählte, und sie sah sie durchdringend an und saugte die Anerkennung auf, die sie ihrer Meinung nach verdient hatte.

Wie so oft, saßen Jazz und Shona dann lächelnd und nickend da und warteten höflich, bis Rani fertig erzählt hatte. Shona erlebte Jazz nie so geduldig wie mit Rani. Und Shona selbst schaute die Katze bewundernd an, wie sie sprach, wie das Glasglöckchen an ihrem Hals klingelte, wenn sie sich an besonders wichtigen Stellen streckte. Sie fühlte sich unbehaglich, wenn die Katze in der Nähe war, aber irgendwie mochte sie sie auch. Irgendwo unter all dem vornehmen Fell und Getue hatte Rani ein gutes Herz, das spürte sie.

Shonas eigenes Herz jedoch gehörte nur Sheila. Von dem Tag an, als Sheila sie gefunden hatte, wie sie auf der Erde lag und nach Luft schnappte, von dem Tag an, als Sheila sie gerettet hatte, wusste Shona, sie verdankte dieser Frau ihr Leben. Sie erinnerte sich nicht, wie sie dorthin gekommen war, aber wenn sie daran dachte, dann spürte sie immer noch all den Schrecken und die Panik und die Atemlosigkeit wie damals, als sie schutzlos dort lag und auf ihren letzten Atemzug wartete. Dann hatte sie einen Schatten über sich gespürt, und als sie ängstlich die Augen schloss, sicher, dass jetzt das Ende gekommen war, fühlte sie, wie sie sanft hochgehoben wurde. Weiter erinnerte sie sich nicht, erst viel später war sie wieder wach geworden und hatte Geräusche aus weiter Ferne vernommen, in einer Sprache, die sie nie zuvor gehört hatte. Als sie die Augen einen Spalt breit öffnete, schauten Menschenaugen auf sie herunter und laute Stimmen umgaben sie.

»Mom, sie hat die Augen auf! Ist ja nicht zu fassen, sie lebt! Sie lebt!«

»Wir werden sie Shona nennen. Können wir sie behalten? O bitte, sag ja! Sie ist so zerbrechlich!«

»Natürlich behalten wir sie und kümmern uns um sie. Sie ist ein Papagei, Kinder, ein ganz besonderer Vogel. Ein Alexandersittich. Schaut euch mal den Kopf an, der ist größer als bei den meisten anderen Papageien, und wenn sie erst mal Federn bekommt, dann wird sie hübsche rote Schulterklappen haben …«

Plötzlich war der kleine Vogel sehr müde gewesen, voller Furcht und ganz und gar überfordert. Er hatte ein neues Zuhause, einen Namen, eine Identität. Und ein Leben.

Er hatte die Augen zugemacht und das Bewusstsein verloren.

Was für ein Sprung! Sie war von Sheilas Knie aus direkt auf dem Dach ihres Käfigs am anderen Ende des Zimmers gelandet. Sie konnte sich noch an das Staunen und die Begeisterung erinnern. Aber das alles war natürlich nichts gegen die Aufregung um sie herum.

2

Das alles war Monate her. Shonas Herz wollte vor Liebe zerspringen, wenn sie daran dachte. Sie erinnerte sich, wie Sheila – denn sie musste es wohl gewesen sein – sie ins Haus getragen und in eine weiche, mit Stoff ausgeschlagene Schachtel gelegt hatte. Es hatte sich so sicher und tröstlich angefühlt. Shona war in einen tiefen Schlaf gefallen, und es kam ihr vor, als hätte sie tagelang geschlafen. Sie erinnerte sich nur an die grüne Landschaft, die sie immer wieder sah. Nachdem sie die Augen wieder geöffnet hatte, durfte sie auf Sheilas Schoß sitzen und wurde viele Male am Tag gefüttert. Sie lächelte leise in sich hinein, wenn sie an die Gesprächsfetzen dachte, die sie damals gehört, aber nicht verstanden hatte.

»Glaubst du, man muss sie auch nachts füttern?«, hatte Sheila gefragt und dabei eine kleine schwarze Schachtel an ihr Ohr gehalten. »Nein?« Und dann hatte sie laut gelacht. »Das würde kein Papagei mit Selbstrespekt tun? Okay, dann gibt es nur tagsüber etwas.« Shona hatte nichts dagegen, dass Sheila über ihre Mahlzeiten sprach, aber so klein sie war, sie wusste, es gab ein paar Dinge, über die man nun mal nicht mit »anderen Leuten« sprach. Peinlich berührt kreischte sie auf, als Sheila in allen Details die Häufigkeit, Farbe, Größe und Form ihrer »Häufchen« beschrieb. So sind Mütter wohl, sah sie irgendwann ein, denn Sheila ließ sich nicht beirren. Sie war so stolz auf diese »Leistungen« ihres Babys.

Shona verzieh ihr jedoch alles, denn wie bei den Menschen, so geht auch beim Papagei die Liebe durch den Magen. Und was für Delikatessen Sheila ihr servierte! Duftende Melonen und Mangos in kleinen Stückchen, weichen Reis und zerdrückte Bananen, und dazu so viel Liebe. Shona verschlang alles, und der befriedigte Ausdruck auf Sheilas Gesicht war ihr schönster Lohn.

Shonas Lieblingssitzplatz war Sheilas Knie. Dort saß sie ganz friedlich und schaute sich um, den Kopf zur Seite gelegt, fühlte sich sicher und außer Gefahr. Wenn sie dort saß, pickte sie ständig an Sheilas Hand, damit sie ihr den Kopf kraulte. Was Sheila dann auch schnell tat. Das war nach Shonas Erfahrung die vollkommene Seligkeit. Sie konnte stundenlang dasitzen wie in einer Meditation, ruhig und zufrieden.

Ein Moment, der sich in ihre Erinnerung eingegraben hatte, gehörte auch zu einem solchen seligen Tag, an dem sie auf Sheilas Knie gesessen hatte. Plötzlich hatte ihr Herz schneller geschlagen, sie hatte sich aufgerichtet, mit den Flügeln geschlagen, und aus einem tiefen inneren Wissen heraus war sie gesprungen. Und was für ein Sprung! Sie war von Sheilas Knie aus direkt auf dem Dach ihres Käfigs am anderen Ende des Zimmers gelandet. Sie konnte sich noch an das Staunen und die Begeisterung erinnern. Aber das alles war natürlich nichts gegen die Aufregung um sie herum. Die Kinder hatten vor Freude aufgeschrien, Sheila auch, und natürlich hatte sie sich sofort wieder dieses Ohrgerät geschnappt und die Welt über Shonas »ersten Flug« informiert. Tief in ihrem Inneren wusste Shona, dass sie dazu geboren war, aber sie freute sich vor allem, dass alle im Haus so glücklich waren. Das Problem war allerdings, die anderen wussten nicht, dass sie, die Heldin des Augenblicks, keine Ahnung hatte, wie sie wieder von dem Käfig runterkommen sollte. Sie saß da, klammerte sich mit ihren kleinen Krallen fest, als ginge es um ihr Leben. Erst als Sheila einen Teller mit Mangos (»Alphonsos« nannte sie sie) hereinbrachte und der verführerische Duft Shona erreichte, beschloss sie, diese köstlichen Dinger wären eine neue Mutprobe wert. Also schloss sie wieder die Augen, schlug mit den Flügeln wie beim ersten Mal, drückte die Brust heraus, atmete tief ein und ließ los. Im nächsten Augenblick stand sie auf dem Boden, etwas schwindelig, aber am Ziel. Die Mangos schmeckten himmlisch!

Erste Male haben natürlich immer einen besonderen Geschmack, und sie bekam auch nie wieder diese Mangos serviert, auch wenn sie jetzt jeden Tag »sprang« und die Sprünge immer länger und sicherer wurden. Beim ersten

Mal war es wohl Anfängerglück, denn in den nächsten Tagen fühlte es sich lange nicht mehr so mühelos an. Sheila kam rein und schloss die Tür, schaltete das große schwirrende Ding an der Decke ab und setzte sich hin. Dann wartete sie geduldig, bis Shona ihre Flügel erprobte. Wie viele Male sie auch Bruchlandungen hinlegte und stürzte, wie oft sie auch gegen Fensterscheiben und Türen flog oder unkontrollierte Sturzflüge unternahm, wie ungeschickt und dumm sie sich auch dabei fühlte – jedes Mal kam Sheila herbeigeeilt, hob sie auf, streichelte und küsste den Schmerz und die Demütigung weg und drängte sie, es wieder zu versuchen. Eines Tages, nach unzähligen Anläufen, hatte sie endlich gelernt, sich zu orientieren und in der Luft zu wenden, dorthin zu fliegen, wohin sie wollte, zu starten und zu landen. Wenn man es einmal kapiert hatte, war es ganz einfach!

Shona hatte auch schon ihren liebsten Landeplatz entdeckt: die Köpfe der Menschen. Nach ein paar Erkundungsflügen durchs Zimmer beschloss sie irgendwann, jetzt sei es genug, und landete auf einem der Köpfe. Von dort aus beobachtete sie die Szenerie und fühlte sich auf jede erdenkliche Weise auf dem Gipfel der Welt. Selbst Rani schaute ein klein wenig neidisch und bemühte sich sehr, desinteressiert zu wirken. Für Shona jedoch war es der Höhepunkt des Tages. Von ihrem Sitzplatz ließ sie sich dann leicht auf Sheilas Schulter gleiten, lehnte sich sanft gegen ihr Ohr, blieb dort sitzen und pickte ab und zu an der Ohrmuschel, um ihr ihre Liebe und Treue zu versichern. Von diesem Platz aus sah sie Fernsehsendungen an, trank hier und da ein Schlückchen aus Sheilas Glas und forderte gelegentlich ein Bröckchen vom Essen der Familie. Das sie auch bekam, und sie hoffte doch sehr, ihre Freunde könnten das sehen. »Leeecker!«, kreischte sie dann oder »Suuuper!«, wie es ihr Sheilas Kinder in ihrer glücklichen Kindersprache beigebracht hatten.

Es war ein zauberhaftes Leben. Tage voller Liebe und Aufregung und Nächte – jedenfalls die meisten – in Sicherheit und Ruhe. Die einzige Störung – wie die kleinen Kerne in den Weintrauben, die Shona so sehr liebte – war diese seltsame Vision, die sie neckte und ihr dann entfloh, die sie unruhig und nachdenklich machte, wenn sie versuchte, sich zu erinnern.

Es ist eine andere Welt, und sie kommt uns so echt vor. Am Morgen erinnerte sie sich, was sie gespürt hatte, sei es Furcht oder Glück. Manchmal spürte sie beim Aufwachen, dass ihre Wangen feucht von Tränen waren, an anderen Tagen fühlte sie nur Ruhe und Zufriedenheit. Aber wenn sie die Augen öffnete, verschwand alles.

3

Eines Morgens erwachte Shona und wusste es. Bevor die Vision sich wieder ungebeten in den anbrechenden Tag hinausschlich, fing sie sie ein. Aber was bedeutete sie, was sollte sie damit anfangen? Ganz still saß sie auf ihrer Stange und schaute nachdenklich zum Fenster hinaus. An diesem Tag wurde das Haus nicht von ihrem üblichen fröhlichen Morgengruß geweckt: »Hello ji, Sat Sri Akal!« Jazz schaute zu ihr hoch und legte fragend den Kopf schief.

»Hallo, meine Shona. Heute bist du aber still!«, sagte Sheila, als sie ins Zimmer kam, und gab ihr ein paar Linsen. Normalerweise wurde Sheila, wenn sie das Zimmer betrat, von Jazz begrüßt, der wild bellte und sie ansprang. Rani rieb sich anmutig an ihrem Bein, und Shona sprang und kreischte zur Begrüßung. Heute schaute Shona sie nur an und rührte sich nicht. Heute war sie froh, dass Sheilas Ohrgerät klingelte und sie ablenkte. Sheila ging abwesend aus dem Zimmer und sprach in das Gerät.

Wie seltsam doch diese nächtlichen Reisen sind, dachte Shona bei sich und pickte ein paar Linsen auf, ohne sie richtig zu schmecken. Es ist eine andere Welt, und sie kommt uns so echt vor. Am Morgen erinnerte sie sich, was sie gespürt hatte, sei es Furcht oder Glück. Manchmal spürte sie beim Aufwachen, dass ihre Wangen feucht von Tränen waren, an anderen Tagen fühlte sie nur Ruhe und Zufriedenheit. Aber wenn sie die Augen öffnete, verschwand alles. Ich frage mich, dachte sie und schaukelte ein bisschen auf ihrer Stange, welche Welt eigentlich die richtige ist. Diese oder die, die ich nachts besuche? Die Vision verschwindet zwar, dachte sie, aber sie hinterlässt Gefühle, so wie der zarte Duft der Jasminblüten, der noch lange im Raum hängt, wenn die Blüten hinausgebracht werden. Was hatte das nur alles zu bedeuten?

Vielleicht kannte Jazz, ihr kluger Freund, ja die Antwort auf diese Frage.

»Jazz, ich bin heute Nacht fort gewesen«, sagte sie zögernd, sprang von ihrer Stange und landete auf seinem Kopf.

»Ah, du meinst, du hattest einen Traum?«, antwortete er und wedelte mit dem Schwanz, damit sie weitererzählte.

»Nun, jedenfalls war es ein schöner … Traum.« Shona gefiel das Wort. Sie wiederholte es ein paar Mal, um es besser schmecken zu können. »Ich war an einem Ort, wo alles grün war. Überall waren Blätter. Ich habe Dinge gesehen, die ich noch nie gesehen habe, Jazz. Viele Leute überall, Autoschlangen, viele Häuser so wie dieses hier, einige groß und andere klein. Komisch war nur, ich war ganz hoch oben und schaute auf alles hinunter. Und über mir war ein klarer blauer Raum, so groß, dass ich ihn gar nicht beschreiben kann.« Sie sprang auf den Boden, damit sie ihm in die Augen schauen konnte. »Das Beste war, ich konnte überall herumfliegen. Kannst du dir vorstellen, wie sich das anfühlt? Ich bin mir bloß noch nicht sicher, was es zu bedeuten hat.«

Jazz erwiderte den Blick seiner kleinen Freundin. Er konnte spüren, wie viel Mühe es ihr bereitete, etwas zu beschreiben, das sie nicht kannte, die richtigen Worte für ein unbekanntes Erlebnis zu finden. Und er spürte auch, dass sie seltsam bewegt von dem war, was sie gesehen hatte. Vielleicht würde sie nie wieder so sein wie vorher. Er schaute sie liebevoll und mit großer Aufmerksamkeit an.

»Ich muss diesen Ort finden«, sagte Shona. »Ich weiß nicht, wie und wo, aber ich glaube, ich muss los und ihn finden.«

Jazz setzte sich hastig auf. »Los? Aber wohin? Du kannst nirgendwo hingehen. Du bist doch noch so klein! Komm, Kleines, es war nur ein Traum.« Und er knurrte, um seinen Worten Nachdruck zu verleihen.

Rani, die von dieser anscheinend so interessanten Diskussion nicht ausgeschlossen sein wollte, kam herüberspaziert. Ihr Glöckchen klingelte, und ihr frisch gebürstetes Fell funkelte im Licht.

»Was ist denn los?«, miaute sie. »Ihr wisst ja, ihr könnt immer auf meinen Rat zählen.«

»Nun«, erwiderte Jazz, »Shona hatte einen Traum und will, dass er wahr wird.«

»An sich keine schlechte Idee«, bemerkte Rani und setzte sich elegant auf eine Teppichecke. »Aber es kommt natürlich darauf an, was für ein Traum es ist, nicht wahr?«

»Nun«, stotterte Shona, die plötzlich ein ganz unsicheres, albernes Gefühl hatte. »Es geht darum, wegzugehen, dieses Haus zu verlassen und zu fliegen … es geht um den klaren, blauen Himmel. Ehrlich gesagt, ich glaube, dazu bin ich geboren.« Sie sprach da Worte aus, die selbst aus dem blauen Himmel zu kommen schienen, und plötzlich begriff sie zu ihrer eigenen Überraschung, worum es ging. Sie wusste nicht einmal genau, ob sie verstand, was das war, weggehen, verlassen, zu etwas geboren sein.

»Also, meine Liebe«, sagte Rani und schaute Shona mit ihren grünen Augen an. »Man soll sich von Träumen nicht allzu sehr hinreißen lassen. Nur ein Dummkopf würde die Bequemlichkeiten dieses Hauses aufgeben, um einem Phantasiebild zu folgen. Schau dir doch an, was du hast! Ein schöner Käfig, das beste Futter, und ehrlich, Shona, du kriegst doch immer die besten Leckerbissen. Du solltest es wirklich besser wissen. Hier kümmert man sich um all deine Bedürfnisse, warum solltest du das hier aufgeben?« Das Glöckchen um ihren Hals klingelte aufgeregt.

»Da hat sie recht, Shona«, fügte Jazz mit ernster Stimme hinzu. »Du genießt hier viele Annehmlichkeiten. Wie wir alle, und wir halten das auch irgendwie für selbstverständlich. Du bist in Sicherheit, und Sicherheit ist sehr wichtig, vor allem, wenn man so klein und verletzlich ist wie du. Hier wirst du beschützt. Du kannst dir ja gar nicht vorstellen, was da draußen auf dich wartet!« Er hielt inne und sah seine Freundin liebevoll an. »Ich habe große, wilde Vögel gesehen, selbst hier in unserem kleinen Garten. Die würden nach dir picken. Und du müsstest dich mit ihnen um das Futter streiten. Stell dir das mal vor! Ums Futter streiten, weißt du, was das heißt, kleine Shona? Nein, das kannst du dir gar nicht vorstellen. Und Hunger und Durst! Kennst du diese Gefühle überhaupt? Hast du schon mal über die Tiere da draußen nachgedacht? Aber gut, es ist ohnehin sinnlos, darüber zu reden. Nein, das ist kein Traum, dem du folgen solltest. Lass uns damit aufhören und genießen, was wir hier haben.«

»Ein Nest in der Hand ist besser als zwei im Gebüsch, kann ich euch sagen«, fügte Rani hinzu, die schon wieder ziemlich herablassend klang. »Ich weiß, was ein gutes Zuhause ist.«

Shona schluckte. Sie bewunderte Rani für ihre tollen Sprichwörter, auch wenn sie die meisten nicht verstand.

»Und dann ist da noch die Liebe«, fügte Jazz hinzu. »Die sollten wir wohl nicht vergessen. Wir lieben Sheila, und sie liebt uns. Du kannst doch nicht weggehen, das würde ihr das Herz brechen.«

Shona nickte. Das war ein Argument, gegen das sie nichts einwenden konnte. Eine Wolke der Verwirrung senkte sich auf sie herab, und Tränen glitzerten in ihren kleinen grauen Augen. »Da hast du recht, Jazz«, sagte sie. »Ich kann mir nicht vorstellen, ohne sie und euch zu leben. Danke, dass du mich daran erinnert hast, das bringt mich wieder auf den richtigen Weg.« Sie versuchte zu lächeln.

»Dann ist die Sache abgemacht«, erklärte Rani, streckte sich elegant auf dem Teppich aus und ließ ihre Krallen sehen. »Ich bin froh, dass du Vernunft annimmst. Du bist offenbar doch ein recht kluger Vogel. Denk dran, wenn du deinen Träumen folgst, dann sollten sie gut geerdet und praktisch sein.«

»Sheila hat dir das Leben gerettet, Shona«, fügte Jazz sehr entschieden hinzu. »Das darfst du nie vergessen. Du schuldest ihr Treue.«

»Ach, vergiss das Gerede von Treue, das spielt keine so große Rolle. Achte einfach auf deinen eigenen Vorteil«, fiel Rani ihm schnell ins Wort, die Nase hoch erhoben. »Wenn du irgendwann erwachsen bist wie ich …« Sie schaute ihr Publikum bedeutungsvoll an. »Dann wirst du verstehen, wie wichtig es ist, sich selbst zu lieben. Du musst immer dafür sorgen, dass du die Nummer eins bist.« Sie machte eine dramatische Pause. »Warum gibt es hier eigentlich kein Frühstück? Allmählich reißen hier schlampige Sitten ein. Ich habe Hunger!« Sie stand auf, stellte den Schwanz auf und ging los, um nachzusehen.

Jazz seufzte so tief, dass er Shona fast umpustete. »Dankbarkeit ist sehr wichtig«, sagte er. »Die darf man nie vergessen. Manchmal muss man ihr zuliebe sogar die eigenen Träume aufgeben. Das würde ich jedenfalls tun.«

Die Tränen, die in Shonas Augen gefunkelt hatten, liefen ihr über die Wangen und tropften auf den Teppich. Sie saß da, der Inbegriff von Ratlosigkeit und Verwirrung. Sie verstand ganz genau, was ihre Freunde sagten, aber im Moment fühlte es sich an, als würde ihr Herz gleich aus ihrer Brust springen, so schnell schlug es. Es schien einen Kampf auszufechten, aber gegen wen oder was, das verstand die kleine Shona nicht.

In jedem Leben kommt ein Augenblick, in dem man begreift, dass man nie mehr so sein wird wie früher. Wie viel Angst du auch hast, du kannst nicht mehr in deiner Komfortzone bleiben. Es ist Zeit, weiterzugehen.

4

In der folgenden Nacht träumte Shona wieder. Im Traum waren sie zu zweit, die eine war die vertraute Shona, die sie verstand, die andere sah nur so aus wie sie und verhielt sich so wie sie, sie redete auch wie sie, aber sie sagte Dinge, die Shona nicht recht verstand. Die andere Shona erzählte ihr, sie würde jetzt ein ganz neues Kapitel im Buch ihres Lebens aufschlagen. Sie sprach von Veränderung und neuen Sichtweisen.

In ihrem Traum wiederholte Shona alles, was Jazz und Rani zu ihr gesagt hatten.

»Ich will keine Veränderungen und neuen Sichtweisen«, sagte sie ernsthaft. »Es geht mir doch gut hier. Ich habe alles, was ich mir wünschen kann. Ein schönes Zuhause, das beste Futter, Fürsorge, Bequemlichkeit und Liebe.«

»Aber das ist nicht alles, wonach man streben kann«, erwiderte die andere Shona. »Es ist nur der Anfang. Der Käfig, um genauer zu sein.«

Das verwirrte Shona. Aber ohne recht zuzuhören, sprach sie hastig weiter. »Und falls du mir vorschlagen willst, dass ich gehen soll – ich kann das nicht. Ich weiß nicht einmal, wie ich mir selbst etwas zu essen suchen oder mich schützen soll oder …« Sie hielt inne, wusste nicht weiter.

»Du bist abhängig, das ist alles. Du hast noch nicht gelernt, deinem inneren Wissen zu folgen, dem Teil von dir, der ganz genau weiß, wie man die Dinge tut, von denen du sprichst. Vertrauen, Glaube … all das hast du in jemand anderen gesetzt, aber all das existiert auch in dir selbst. Hast du darüber schon mal nachgedacht?«

»Warum sollte ich alles aufgeben? Warum muss ich die Risiken eingehen, von denen du sprichst? Es ist gefährlich und dumm. Auch wenn man seinen Träumen folgt, sollten sie gut geerdet und praktisch sein«, wiederholte Shona die Worte, die Rani gesagt hatte.

»Manchmal muss man Bequemlichkeit und Sicherheit aufgeben, wenn man seinen Träumen folgt. Manchmal muss man alles Gewohnte aufgeben. Es ist wirklich eine andere Sichtweise, Shona. Die meisten Leute würden nicht einmal davon träumen, so etwas zu tun«, sagte die andere Shona mit freundlichem Lächeln.

»Und warum sollte ich es tun? Ich bin glücklich da, wo ich bin. Und außerdem …«, sagte Shona und schob ihre kleine Brust vor. »Außerdem bin ich treu und liebevoll. Ich verdanke Sheila mein Leben und habe die Absicht, bis zum letzten Atemzug bei ihr zu bleiben.«

»Ich bewundere deine Treue und Dankbarkeit. Aber, meine Liebe, wie sieht es mit der Treue dir selbst gegenüber aus? Mit der Liebe zu dir selbst?« Die andere Shona schaute sie eindringlich an, und als sie ihre Verwirrung sah, fügte sie sanft hinzu: »Du verstehst mich nicht, oder?«

Shona schüttelte den Kopf. Nein, sie verstand nicht, was die andere Shona meinte.

»Nun, es ist sehr schön, einen anderen zu lieben. Es ist wunderbar. Aber weißt du, wenn man den anderen wirklich liebt, dann hält man ihn nicht fest, dann erlaubt man ihm, zu gehen, wohin er gehen muss. Man drängt ihn sogar, den eigenen Weg zu finden, den eigenen Sinn, das eigene Schicksal und den eigenen Traum. So sieht wahre Liebe aus, Shona. Sie macht uns frei. Das würde Sheila sich für dich wünschen, wenn du sie fragen würdest, und das musst du dir auch für dich selbst wünschen. Eigene Kraft – so kann man Liebe zu dir selbst auch verstehen.«

Die andere Shona benutzte lauter neue Wörter, und Shona wiederholte sie. Sinn. Schicksal. Traum. Eigene Kraft. Was sollte das alles? Von Träumen wusste sie nur, dass sie nachts manchmal Dinge sah, die sie verstörten und die sie nicht haben wollte. »Sinn?«, flüsterte sie leise. »Was ist das? Und was ist Schicksal? Erzähl mir davon, ich kenne diese Wörter nicht.«

»Nun, weißt du«, sagte die andere Shona, kam näher und schaute ihr fest in die Augen. »Es gibt ein größeres Bild vom Leben, als wir es sehen. Jeder von uns hat einen Sinn. Und ja, es gibt einen größeren Plan. Deshalb sind wir hier, um uns in den größeren Plan einzufügen und ihn zu verwirklichen.«

»Aber woher soll ich wissen, wie mein größerer Plan und mein Sinn aussehen? Ich habe keine Ahnung!«, klagte Shona.

»Du wirst es wissen. Ich bin hier, um dir zu helfen. Es ist wie ein Radar, Shona, der Radar, den jeder von uns hat. Wie dieser Sinn, der uns den Weg zeigt, wenn wir fliegen. Viele von uns nutzen ihn sogar, um Kontinente zu überqueren. Er ist in uns und führt uns. Wenn der richtige Zeitpunkt gekommen ist und du zuhörst, dann spricht er zu dir, genau wie ich jetzt mit dir spreche.«

»Aber ich höre doch zu! Dann sag es mir. Sag mir, was ich wissen muss.«

Die andere Shona schwieg lange Zeit. Sie schien tief in Gedanken versunken. Dann endlich stellte sie sich vor Shona, hielt sie fest im Arm und flüsterte: »Liebste Shona, wir sind dazu geboren, unter dem klaren, blauen Himmel zu fliegen. Wir sind geboren, um frei dahinzufliegen. Und ich bin hier, um dich daran zu erinnern, dass jetzt die Zeit gekommen ist, um genau das zu tun.« Und damit verschwand sie. Shona saß verwirrt da. Ganz ähnliche Worte hatte sie erst kürzlich gesagt, ohne zu wissen, was sie bedeuteten.

Sie spürte einen seltsamen Frieden in sich. Sie wusste nicht, was sie tun sollte oder wie sie es tun sollte, wohin sie gehen sollte oder was vor ihr lag, aber sie war voller Erwartung und Neugier. Und irgendwie, so seltsam das klang, fühlte sie sich nicht mehr allein. Den Rest der Nacht schlief sie traumlos und fest.

In jedem Leben kommt ein Augenblick, in dem man begreift, dass man nie mehr so sein wird wie früher. Wie viel Angst du auch hast, du kannst nicht mehr in deiner Komfortzone bleiben. Es ist Zeit, weiterzugehen.

Und jetzt war Shonas Zeit gekommen.

Als Shona am nächsten Morgen erwachte,
sah sie alles mit neuen Augen.
Wenn man etwas zum letzten Mal ansieht,
ist es fast wie beim ersten Mal.

5

Als Shona am nächsten Morgen erwachte, sah sie alles mit neuen Augen. Wenn man etwas zum letzten Mal ansieht, ist es fast wie beim ersten Mal.

Sie schaute tief in die Schüssel, aus der sie jeden Tag gegessen hatte. Wie beim ersten Mal bemerkte sie den wasserblauen Boden, den Sprung an der Seite, die Form und Größe. Wie schön die Schüssel war! Und wie gut gefüllt sie immer gewesen war. Shonas Herz und Augen gingen über, und sie musste schlucken, um die Tränen zurückzuhalten. Sie sprang auf ihre Sitzstange und schaukelte nachdenklich, wie sie es hundert Mal getan hatte. Sie sah sich in ihrem Käfig um, in dessen selbstverständliche Vertrautheit sich jetzt das neue Gefühl eines möglichen Verlusts mischte. Plötzlich bemerkte, sie, dass Jazz zu ihr hinaufschaute. Er war seltsam still und sah sie durchdringend an, als versuchte er von ihrem Gesicht abzulesen, was ihr gerade durch den Kopf ging.

»Guten Morgen ...«, bellte er fragend und legte den Kopf schief.

»Guten Morgen! Guten Morgen! Sat Sri Akal!«, erwiderte Shona und versuchte, eine Fröhlichkeit in ihre Stimme zu legen, die sie nicht wirklich empfand. Dann schwang sie sich auf Jazz' Kopf, rieb ihren Schnabel liebevoll an ihm und kraulte ihn ein wenig, wie er es gern hatte. Sie flog auf den Boden, um ihn anzusehen, und schaute ihm direkt in die freundlichen braunen Augen. Schon bevor sie sprach, spürte Jazz mit diesen besonderen Antennen, die Freunde füreinander haben, was kommen würde.

»Du warst mir ein so guter Freund«, sagte sie schlicht, die Augen feucht von überquellenden Gefühlen.

»Und ich werde immer dein Freund sein«, ergänzte Jazz rasch. »Immer! Wir haben ...« Er hielt inne, als wäre ihm jetzt absolut klar, was Shona nicht aussprach.

In diesem Moment kam Sheila ins Zimmer, ganz in Rosa gekleidet, wie es zu ihrer rosigen Haut passte. Jazz rappelte sich auf und bellte aufgeregt, um sie willkommen zu heißen. Shona hatte seine Spontaneität immer schon bewundert. Seine Stimmungen und Gefühle wechselten in Minutenschnelle, und er gab ihnen allen die Ehre. Rani kam herbeigeschlendert und tat so, als würde sie sich für nichts interessieren. Dabei wollte sie Sheila unbedingt nahe sein und von ihr bemerkt werden. Dieses Morgenritual der immer neuen Verbindung gehörte absolut zu ihrem Tag. Shona schloss sich normalerweise an, flog fröhlich durchs Zimmer und kreischte laut alle Wörter, die sie kannte: »Hallo, hallo! Guten Tag! Aaalles gut!«

Aber heute tat sie das nicht, sondern sie landete nur leicht auf Sheilas Schulter. Sheila bemerkte es. Sie bemerkte alles, dachte Shona bei sich, sie bemerkte jede Andeutung oder Geste. »Aaalles gut?«, flüsterte sie leise. Shona kuschelte sich an sie, so eng wie möglich, lehnte sich gegen ihr Ohr und zupfte ihr sanft am Ohrläppchen. Ich liebe dich, Sheila, flüsterte ihr Herz. Ich werde dich so vermissen!

Sie flog auf ihren Lieblingsplatz, Sheilas Kopf, womöglich zum letzten Mal. Ihre kleinen Krallen klammerten sich fest, so groß waren ihre Gefühle.

»Aua!«, rief Sheila. »Shona, das tut weh!« Ja, dachte Shona, Liebe tut weh, wenn sie so stark ist. Geliebte Sheila, wenn ich dir nur sagen könnte, was ich fühle. Erst einmal möchte ich dir für alles danken, vor allem, dass du mich ins Leben zurückgeholt hast. Ich wäre gar nicht hier, wenn es dich nicht gäbe. Und dann für alle Liebe, die du mir immer gegeben hast, für deine Pflege, und dass du mir immer das Gefühl gegeben hast, etwas Besonderes zu sein. Danke, dass du jeden Tag bei mir gesessen bist und gewartet hast, bis ich meine Flügel entdeckte. Danke, dass du meinen Schlaf bewacht hast, und – o ja! – danke, dass du mich Tropfen für Tropfen gefüttert hast, als ich klein war.

Während Shona dort saß, überschlugen sich die Erinnerungen. Ihr lief das Wasser im Mund zusammen, als sie an all die Köstlichkeiten dachte, die Sheila immer für sie bereitgehalten hatte. Sie beugte sich hinunter und pickte an Sheilas Kopf, um ihrer Dankbarkeit Ausdruck zu verleihen. Jetzt, geliebte Sheila, muss ich gehen. Bei diesem Gedanken entfuhr ihr ein tiefer Seufzer. Sheila, bitte gewähre mir noch ein Geschenk: das Geschenk des Verstehens. Sei nicht böse, wenn du mich morgen nicht mehr hier findest. Und sei nicht verletzt. Du wirst vielleicht denken, dass du mir geholfen hast, meine Flügel zu entdecken, und nun habe ich sie benutzt, um von dir wegzufliegen. So sieht es vielleicht aus, Sheila, aber … ich verlasse dich nicht. Und doch muss ich gehen. Weil ich es brauche. Kannst du das verstehen? Ich kann mich dafür nicht rechtfertigen, Sheila, weil es mir nicht leidtut. Ich tue es fast gegen meinen eigenen Willen, so seltsam das klingt. Es tut mir leid, dass ich dir wehtue, weil du es vielleicht nicht verstehst. Dafür bitte ich dich um Verzeihung. Ich danke dir und bitte dich um Verzeihung, immer wieder. Shona sagte es noch ein paar Mal, wie es ihre Art war.

Dann schwang sie sich auf und flog durchs Zimmer, drehte ein letztes Mal ihre Runde und flog einen Looping, weil sie wusste, wie stolz und glücklich Sheila war, wenn sie das tat.

Sobald Sheila das Zimmer verlassen hatte, sah sich Shona noch ein letztes Mal um, betrachtete alles, was zu ihrem Zuhause gehört hatte. Lebe wohl. Danke. Lebe wohl. Danke.

Dann sprang sie zum Fenster und von dort auf das Balkongitter. Sie drückte die Brust heraus und atmete tief durch. Ohne auf die Tränen zu achten, die ihr über die Wangen liefen, und ohne auf ihr Herz zu achten, das so schnell schlug, als wollte es ihr aus der Brust springen, atmete sie noch einmal tief ein und flog dann auf den Horizont zu, wo alles neu, unsicher und fremd aussah.

Wo sie sich allein und verletzlich fühlte.

Warum? Warum? Warum?, fragte ein Teil von ihr.

Warum nicht? Warum nicht? Warum nicht?, antwortete ein anderer.

Ein tintenschwarzes Gewölbe mit funkelnden Lichtern – wie die Edelsteine, die Shona einmal auf Sheilas Sari gesehen hatte – erstreckte sich, so weit sie sehen konnte. Die Lichter pulsierten und vibrierten. Etwas so Großartiges hatte Shona noch nie gesehen. Sie fühlte sich ganz demütig und klein und doch so seltsam sicher. Die Weite, die sich bis in die Ewigkeit erstreckte, ließ die Alltagssorgen ganz fern und unwichtig werden.

6

Shona flog bis ans Ende des Gartens und setzte sich auf die Mauer, um nach Atem zu ringen. Dann, ohne noch einmal zurückzuschauen und bevor sie es sich anders überlegte, schwang sie sich auf, diesmal wirklich ins Unbekannte.

Sie flog lange, ohne zu sehen oder zu wissen, wohin. Plötzlich bemerkte sie, dass sie das alles schon einmal gesehen hatte, es kam ihr ganz vertraut vor. Fast erschrocken begriff sie, dass sie in ihrem Traum an diesem Ort gewesen war. Sie wagte es, nach unten zu blicken. Ja, sie hatte diese Häuser schon gesehen, sie wirkten wie die Türme, die Sheilas Sohn baute, nur nicht so bunt, sondern graubraun. Sie konnte auch gewundene Wege sehen, auf denen Autos fuhren, eines hinter dem anderen. Und plötzlich bemerkte sie zwischen den Türmen einen Platz mit weiteren Häusern. Sie wirkten kleiner als die anderen, und viele Menschen bewegten sich dazwischen.

Shona spürte, dass sie hungrig und durstig war. Sie flog tiefer, um besser sehen zu können. Nie zuvor hatte sie so viele Menschen gesehen. Und nicht nur Menschen – auch vierbeinige Geschöpfe, vor allem eins, das sie noch nie gesehen hatte. Es war viel größer als Jazz und trug ein seltsames Gerät mit zwei gebogenen Stöcken auf dem Kopf. So stand es mitten auf der Straße, der Inbegriff von Frieden und Unbeweglichkeit. Wenn sie nicht so hungrig gewesen wäre, hätte Shona möglicherweise versucht, mit diesem Geschöpf Freundschaft zu schließen. Es hatte so freundliche, feuchte Augen. Vielleicht ein andermal. Jetzt brauchte sie etwas zu essen und zu trinken. Kurz überlegte sie, ob sie auf dem Kopf eines Menschen landen sollte, wie sie es gewöhnt war, aber irgendetwas sagte ihr, womöglich sei das doch keine so gute Idee. Also landete sie auf dem einzigen Baum, den sie auf dem Platz sah.

Was für ein Glück! Direkt unter ihr sah sie ihr Lieblingsfutter. Ein rotes Dreieck aus Wassermelone lag verführerisch auf einem Haufen ovaler grün gestreifter Früchte. Das war ja einfach, dachte Shona. Offenbar kümmerten sich die Menschen auch in dieser Welt um ihre Bedürfnisse. Und was sie da sah, war das größte Stück Wassermelone, das sie je gesehen hatte. Mit elegantem Schwung flog sie hinunter, um zu essen. Aber sie hatte noch keinen Bissen genommen, als sie schon die Schreie hörte: »Tota! Tota! Pakdo! Pakdo!« – Der Papagei, der Papagei! Fangt ihn, fangt ihn! Im nächsten Moment griff eine große Hand nach ihr. Gerade noch rechtzeitig flog sie auf und außer Reichweite, kreischte voller Angst und flog weg. Das war knapp gewesen, sie zitterte vor Schrecken und Panik. Ihr Herz schlug so laut und schnell, dass sie es in ihrem Kopf hören konnte. Nur weg von diesen lauten, aggressiven Menschen! Sie hatte ja keine Ahnung gehabt, wie gefährlich sie sein konnten. Atemlos flog sie weiter und suchte Schutz. Hunger und Durst waren vergessen.

»Nur die Ruhe!«, flüsterte sie sich selbst viel später zu. »Atme! Du bist noch am Leben, atme, atme!« Ja, sie lebte. Seufzend sah sie sich um. Direkt vor ihr war Grün zu sehen, und sie flog darauf zu. Wie friedlich das aussah! So ganz anders als der überfüllte Markt. Hier gab es Hunderte von Bäumen in verschiedenen Formen und Größen und dickes grünes Gras. Überall war glückliches Gezwitscher zu hören. Die Wolke aus Lärm, die über den grauen Häusern gehangen hatte, schien verschwunden. Man sah auch nur sehr wenige Menschen. Mit einem erleichterten Seufzer landete Shona auf dem Ast eines riesigen Baumes. Wie schön dieser Ort war! Sie hätte ihn sicher verpasst, wenn sie sich nicht beruhigt und umgeschaut hätte. Plötzlich, genau in dem Moment, war ihr Sheila eingefallen, wie sie ihren Kindern immer sagte, sie sollten atmen, sich beruhigen und sich noch einmal neu umschauen. Alles, was sie gelernt hatte, flog mit ihr, dachte Shona bei sich. Die Menschen, die sie kannte, ihre Erfahrungen und ihre gesamte Vergangenheit. Erstaunlich!

Jetzt, da sie sich in Sicherheit fühlte, kam der Hunger wieder. »Zu Hause« hätte sie inzwischen schon zwei Mahlzeiten und ein paar Kleinigkeiten zu sich genommen! Jazz'

Worte über das Finden von Futter klangen in ihren Ohren. Wie sollte sie das anstellen? Sie hatte keine Ahnung.

In diesem Moment sah sie ein paar Kinder, die den Weg entlanggerannt kamen. Sie blieben genau unter ihrem Baum stehen und zogen Tüten mit Körnern heraus, die sie auf den Boden streuten. Welch ein Glück, dachte Shona zum zweiten Mal an diesem Tag. Das einzige Problem war, sie wusste nicht, ob sie den Kindern trauen konnte. Beim letzten Mal war sie in Schwierigkeiten geraten, als sie Menschen vertraut hatte, erinnerte sie sich. Blindes Vertrauen zu den Menschen war keine gute Idee. Sie wartete, bis sie sah, dass einige von ihrer eigenen Art sofort auf den Boden flogen, als die Kinder gegangen waren. Sie pickten die Körner auf. Diese Menschen hatten den Test bestanden. Shona, die vor lauter Hunger und Durst schon ganz schwach war, flog hinunter zu den anderen Vögeln.

Aber es sollte nicht sein.

Ein großer schwarzer Vogel sprang auf sie zu, als sie sich zum Essen bückte, und vertrieb sie. Mit einem unhöflichen »Kaan!« und einem dazu passenden drohenden Blick schubste er sie und die anderen weg. Wie gemein!, dachte Shona. Ihr kamen die Tränen. Ganz allein lief er dort herum und aß, und gerade als Shona dachte, jetzt wären keine Körner mehr übrig, hatte er offenbar genug und flog davon, ein großer schwarzer Schatten, der in den Himmel verschwand.

Wieder bückte sich Shona, um zu essen. Und endlich gelang es ihr. Sobald sie sicher war, dass sie nicht vor Hunger umfallen würde, schaute sie die anderen Vögel an diesem »Tisch« an. Sie versuchte, einen von ihnen zu begrüßen, der einen glatten braunen Mantel trug. Sein herablassender Blick passte gut zu seinem perfekten orangefarbenen Lidschatten und den dazu passenden Strümpfen. Und er machte sich auch nicht die Mühe, Shonas Gruß zu erwidern. Shona tat, als merkte sie nichts, und hoffte, die anderen hätten es auch nicht mitbekommen. Sie nickte ein paar kleinen Vögeln in einfachen Kleidern zu, alle in verschiedenen graubraunen Schattierungen. Sie sahen freundlich aus und wa-

ren es auch. »Hallo, hallo!«, erwiderten sie, hüpften herum und zwitscherten in einem fort. Ermutigt versuchte Shona ihr Glück bei einem anderen schicken Vogel, der in elegantem Grau gekleidet war und einen tollen Kopfschmuck trug. Er sprang ständig auf und ab, um seine roten Unterhosen zu zeigen, ganz nach der neuesten Mode. Höflich begrüßte er Shona und ging sogar zur Seite, damit sie besser an die restlichen Körner herankam. Shona entspannte sich. Gerade wollte sie ein Gespräch mit ihm beginnen, als sie von ein paar Matronen unterbrochen wurden, die offenbar dachten, sie hätten ein Vorrecht auf diesen Platz. »Weg da, weg da«, knurrten sie, watschelten herbei und besetzten alles. Shona hüpfte ihnen aus dem Weg und bewunderte sie von weitem. Sie sahen sehr selbstgerecht und allwissend aus, dachte sie und bestaunte insgeheim die eleganten grauen Kleider mit den lavendel- und türkisblauen Ketten. Ein bisschen erinnerten sie an Sheilas Großmutter, die von Zeit zu Zeit zu Besuch gekommen war.

Plötzlich spürte Shona, wie müde sie war. Es war ein langer Tag gewesen. Nie zuvor hatte sie so viele Vögel oder Menschen oder Gefühle in so wenigen Stunden kennengelernt. Es war wie ein Kaleidoskop, alle paar Sekunden änderte sich etwas, und kaum hatte sich ein Muster gebildet, gab es schon wieder eine Veränderung. Sie hatte immer Vertrauen zu den Menschen gehabt, sie hatten ihr das Leben gerettet und so viel Liebe geschenkt, aber heute hatten sie sie ausgetrickst und ihr Angst bereitet. Und ihre eigene Spezies, die Vögel, waren so unfreundlich und arrogant gewesen. Sie wusste nicht, wem sie noch trauen sollte. Ihre Nerven waren angespannt, weil sie ständig auf der Hut sein musste. Sie wusste nicht, wohin sie ging, und wie, und warum. Nichts ergab noch Sinn. Shona wollte nur noch allein sein.

Sie flog zu einem großen, alten Baum und schmiegte sich tief hinein, wo sie in Sicherheit war. Mit einem tiefen Seufzer ließ sie sich auf einem dicken Ast nieder. Sie schloss die Augen und gönnte sich etwas Entspannung.

Plötzlich sah sie die andere Shona wieder vor sich. »Hallo«, sagte die andere Shona freundlich. »Na, das war ein Tag, was?«

»Ja, allerdings. Und es ist wirklich sehr nett von dir, dass du dich jetzt, wo er zu Ende geht, auch mal sehen lässt!« Shona spürte, wie zornig sie war. »Du! Du bist verantwortlich für alles. Du hast dich in meine Träume gedrängt, hast mein Leben zerstört, mich verleitet, meinen bequemen Käfig zu verlassen, und mich mit großen Worten geködert. Und dann bist du verschwunden und hast mich mit all den Gefahren allein gelassen.« Shona schaukelte empört, so erschöpft sie auch war.

»Ich habe dich allein gelassen? Nicht eine Minute habe ich dich allein gelassen«, erwiderte die andere Shona lächelnd und mit sanfter Stimme. »Ich war die ganze Zeit bei dir. Als du um ein Haar von dem Mann gefangen wurdest, da auf dem Markt, als du hungrig warst und allein und müde und verirrt – ich war immer da.«

Ihr Lächeln ärgerte Shona noch mehr, und das sagte sie ihr auch. »Du warst da? Na, toll! Und du hast nichts unternommen!«, sagte sie und schaute die andere Shona beleidigt an. »Das hast du also gemeint, als du von dem großen Plan geredet hast. Und … wie war noch mal das andere Wort? Schick … Ich weiß es nicht mehr.«

»Schicksal«, half die andere Shona ihr aus. »Ja, natürlich, diese Reise hast du gerade angetreten.« Sie lächelte, als wollte sie Shona beruhigen, aber das gelang ihr nicht. Shona wurde nur noch wütender.

»Ich habe das Gefühl, du hast mich ohne irgendeinen Plan losgeschickt, ohne Schutz und ohne Landkarte, und außerdem bist du nicht zur Stelle, wenn ich dich brauche«, platzte sie heraus und gab sich nicht einmal Mühe, ihren Ärger zu verbergen. »Und am Ende dieses entsetzlich schwierigen Tages tauchst du hier auf, lächelst freundlich und sagst mir, du bist die ganze Zeit bei mir gewesen. Es fällt mir gerade ziemlich schwer, festzustellen, wem ich trauen kann, aber bei dir ist es eindeutig. Auf dich kann ich mich definitiv nicht verlassen. Du hast mich im Stich gelassen.«

»Darf ich jetzt etwas sagen, liebste Shona?«, erwiderte die andere Shona ungerührt. »Würdest du mir zuhören?«

»Ja, ja, mach schon«, erwiderte Shona, deren Stimme immer noch sehr gereizt klang. »Ich höre.«

»Ja, und genau das ist auch schon alles, was du tun musst, um mit mir Verbindung aufzunehmen: Hören. Ich habe mir wirklich den ganzen Tag Mühe gegeben, zu dir durchzudringen, aber du hast überhaupt nicht auf mich geachtet. Du warst viel zu beschäftigt, um mich zu hören.«

»Ja, selbstverständlich war ich beschäftigt! Ich war damit

beschäftigt, etwas zum Essen zu finden und mich zu schützen und nicht in Gefahr zu geraten. Da hatte ich ganz bestimmt keine Zeit, um innezuhalten und nette Gespräche mit dir zu führen. Selbst *wenn* ich gewusst hätte, dass du da warst«, fügte sie noch hinzu.

»Tut mir leid, dass du schon wieder nicht zuhörst, aber wenn du es getan hättest, wenn du Verbindung zu mir aufgenommen hättest, dann hätte ich dir einen wertvollen, hilfreichen Rat geben können. Ich hätte dir zeigen können, wo du Futter und Obdach findest. Ich habe es wirklich versucht! Ich habe laut geschrien, als du auf diese Wassermelone zugeflogen bist, aber du hast mich nicht gehört. Ich verstehe, dass du einen schwierigen Tag hinter dir hast, aber du kannst mir glauben, mir geht es genauso. Ich habe mich ganz hilflos gefühlt, weil ich nicht zu dir durchdringen konnte. Tatsächlich hat es sich so angefühlt, als würdet du mich im Stich lassen, meine Liebe.«

»Das ist ja die Höhe!«, rief Shona und schlug aufgeregt mit den Flügeln. »Wie soll ich dich denn hören, wenn ich nicht mal weiß, dass du da bist?«

»Meine Liebe, ich bin da leider auf dich angewiesen. Ich möchte gern mit dir sprechen, aber das kann ich nicht, wenn du mir nicht zuhören willst. Ich möchte dir gern den Weg weisen, dich beschützen und dir helfen, einen Plan zu machen. Aber das kann ich nur, wenn du mich fragst. Im Moment ist unsere Beziehung irgendwie ziemlich einseitig.

Du kannst mich ignorieren, aber ich kann dich niemals verlassen, selbst wenn ich wollte. Du musst mich anrufen, wie die Menschen sagen.«

»Anrufen? Anrufen?«, wiederholte Shona. »Das verstehe ich nicht.«

»Ich kann dir beweisen, dass ich nur dein Bestes will. Das ist der einzige Sinn meines Daseins. Die einzige richtige Entscheidung, die du heute getroffen hast, kam zustande, weil du auf mich gehört hast«, fuhr die andere Shona eilig fort, weil sie wusste, dass Shona sich schon wieder aufregte und sie unterbrechen wollte. »Erinnerst du dich, wie du dich beruhigt und geatmet hast? Und plötzlich hast du diesen schönen Park gesehen und beschlossen, dich dort auszuruhen. Das war das einzige Mal heute, dass ich zu dir durchgedrungen bin. Ich hatte versucht, dich direkt hierhin zu bringen, aber …« Sie hielt inne und dachte nach, bevor sie fortfuhr. »Nun gut, ich darf mich wohl nicht beschweren. So wie es lief, war es eigentlich perfekt. Du musstest das alles durchmachen, um deinen eigenen Weg zu finden, und im Grunde genommen hast du es gut gemacht. Die Sache mit der Melone war allerdings heikel. Solche Risiken sollte man nicht eingehen.«

Shona verstand gar nichts mehr. Aber sie erinnerte sich an den einen ruhigen Augenblick, als sie an Sheila und ihren Rat gedacht hatte: Atmen. Und ja, so seltsam das klang, diese wenigen Atemzüge hatten ihr geholfen, sich umzusehen und den Garten zu finden, in dem sie sich jetzt befand. Wenn die andere Shona davon wusste, dann musste sie wirklich da gewesen sein, überlegte sie. Unbegreiflich, aber sie war zu müde, um das alles zu begreifen.

»Ich verstehe wirklich nicht, wie du sagen kannst, du hast mir den Rat gegeben, das zu tun.« So müde sie war – so leicht würde sie vor dieser Angeberin nicht klein beigeben. »Aber es war sicher die klügste Entscheidung dieses Tages. Und ich nehme sie für mich in Anspruch. Wenn du bleiben und mit mir Freundschaft schließen willst, wie du es sagst, dann musst du etwas mehr Beweise bringen. Ich bin schon dabei, zu lernen, wie diese neue, raue Welt funktioniert. Und so leicht lasse ich mich nicht noch einmal einfangen.«

Die andere Shona lächelte. Sie trat einen Schritt vor, um Shona auf ihre typische Weise zu umarmen, aber im letzten Moment überlegte sie es sich offenbar anders und verschwand ganz plötzlich. Shona schlug die Augen auf und sah sich um. Sie fühlte sich schlau und voller eigener Kraft. Jedenfalls hatte sie der anderen Shona jetzt die Meinung gesagt. Sie lernte schnell! Sie machte es sich in »ihrem« Baum bequem. Ein sanfter, tröstlicher Wind umschmeichelte sie. Die Sonne war jetzt ein flacher, goldener Ball, kein weiß glühendes Feuer mehr. Ihr sanfter Schein färbte den Himmel orange. Die Geschäftigkeit des Tages verstummte. Der Wind sang ein leises Wiegenlied, und Shona schlummerte ein.

Ein paar Stunden später erwachte sie und war wie gebannt von dem, was sie sah. Ein tintenschwarzes Gewölbe mit funkelnden Lichtern – wie die Edelsteine, die Shona einmal auf Sheilas Sari gesehen hatte – erstreckte sich, so weit sie sehen konnte. Die Lichter pulsierten und vibrierten. Etwas so Großartiges hatte Shona noch nie gesehen. Sie fühlte sich ganz demütig und klein und doch so seltsam sicher. Die Weite, die sich bis in die Ewigkeit erstreckte, schien die Alltagssorgen ganz fern und unwichtig zu machen.

Ich frage mich, ob das alles etwas mit dem sogenannten großen Plan zu tun hat, fragte sie sich und war überrascht, dass sie auf so eine Idee kam. Sie wusste nicht, welche Verbindung es gab, aber irgendwie strahlte diese Größe, diese unendliche Majestät, eine Kraft aus, der sie sich gern hingeben wollte. Vielleicht konnte man ja doch auch ohne Landkarte und Schutz und Plan sein Ziel erreichen. Sie ließ alle Gedanken los, auch das Bedürfnis, zu verstehen, und schlief ein, gewiegt in den Armen des alten Baums unter dem offenen Himmel, getröstet und zu Hause in dieser ersten Nacht weg von zu Hause.

Sie hörte, wie die Blätter leise zu Boden fielen. Sie hörte ihren eigenen Atem. Sie hörte, wie das Gras wuchs. Sie konnte mit ihrem Blick die Rinde der Bäume durchdringen. Und als sie weitersah, konnte sie in alles hineinschauen. Die Grenzen zwischen den Dingen verwischten. Plötzlich spürte sie den Herzschlag des Erdbodens, den Garten und alles, was darin war. Der ganze Garten atmete im Gleichklang.

7

Sanft weckten die ersten Sonnenstrahlen des Tages Shona am nächsten Morgen. Als sie sich regte, erinnerte sie sich, wo sie war. Sie musste sich daran hindern, ihren üblichen Morgengruß zu rufen: »Sat Sri Akal ji!« Als die Ereignisse des vergangenen Tages ihr wieder einfielen, begriff sie, dass sie jetzt nicht ihren alten Freund Jazz sehen würde, der liebevoll zu ihr aufblickte. Eine Welle von Gefühlen stieg in ihr auf. Ihr Herz sehnte sich nach der Vertrautheit ihres alten Zuhauses. Beim Gedanken an Sheila wurde ihr die Kehle eng. In diesem Moment hätte sie alles gegeben, um wieder in der vertrauten Umgebung zu sein. Sie dachte an ihre blaue Schüssel und ihre Sitzstange, sie erinnerte sich an Rani und ihre elegante Art, an die sanfte Berührung von Sheilas Fingern auf ihrem Kopf. Und dann brach sie in Tränen aus. Plötzlich fühlte sie sich allein, unsicher und verletzlich. Liebevolle Erinnerungen lockten sie in die Vergangenheit.

Ein lautes »Kaan! Kaan!« riss sie zurück in die Gegenwart. Es war der unhöfliche Vogel, dem sie gestern schon begegnet war. Er saß auf einem Ast über ihr, beugte sich herunter und schrie. Seine schwarzen Perlenaugen schauten überall hin. Shona versteckte sich zwischen den Zweigen und hoffte, sie könne mit dem Grün verschmelzen, das sie umgab. Sie wollte den Tag nicht mit Unhöflichkeiten beginnen. Erst als er auf seine typisch ungeschickte Art weggeflogen war, hüpfte sie heraus und sah sich um.

Es war erstaunlich. Gestern, bei ihrer Suche nach Futter und Sicherheit, hatte sie gar nichts davon bemerkt! Ein großes Gebäude mit einer runden Kuppel stand mitten in diesem Garten. Es war schön geschmückt, Shona hatte noch nie etwas derart Majestätisches gesehen. Riesige grüne Rasenflächen und Bäume in allen Farben standen hier. Der Baum neben ihrem strahlte feurig in allen Farben der Sonne. Etwas weiter entfernt standen mehrere Bäume beieinander wie plaudernde Schulmädchen, die sich Geheimnisse zuflüstern. Ihr Laub war goldgelb. Andere streckten fedrige lilafarbene Blüten in den Himmel. Am Ende des Gartens konnte Shona einen ganz dramatisch aussehenden Baum erkennen, der mit nackten Armen große rote Becher in die Höhe hielt, als sollte man sie bewundern. Shona fragte sich, was wohl in den Bechern war. Sie musste das erforschen. Und sie *konnte* das erforschen! Fast erschrocken begriff sie, dass sie einfach dorthin fliegen konnte, wenn sie wollte, um nachzusehen. Sie konnte sich auch auf einen der anderen Bäume setzen. Sie konnte dort schlafen. Sie konnte alles tun, was sie wollte. Shona spürte einen seltsamen Schrecken. Was sollte sie nur tun? Wohin sollte sie sich wenden? Die vielen Möglichkeiten machten sie ganz nervös.

Sie hatte nie so viele Entscheidungsmöglichkeiten gehabt, und sie wusste eigentlich auch nicht, was sie damit anfangen sollte. Es war schon in Ordnung gewesen, zu entscheiden, ob sie das angebotene Futter essen wollte, wie oft sie durchs Zimmer flog und wohin sie sich setzte – auf die Armlehne des Sessels, auf Sheilas Kopf oder auf ihre Stange. Und das hatte ihr immer gereicht. So viele andere Dinge waren für sie entschieden worden, einfach durch das, was um sie herum passierte. Es war doch ganz klar: Wenn Sheila ins Zimmer kam, musste sie sie begrüßen und ihr nahe sein und ihr etwas vorfliegen. Wenn Essenszeit war, dann wurde gegessen. Wenn es im Haus still wurde und alle schliefen, dann waren auch Shona und ihre Freunde still. Und wenn die Kinder von der Schule nach Hause kamen oder Gäste eintrafen und mit Sheila sprechen wollten, dann wurde es laut und aufregend im Haus und man konnte spielen. Dann zeigte Sheila allen stolz, was Shona schon konnte, und ließ sie alle Wörter sprechen. Sheilas Freunde ahmten sie nach und lachten und klatschten Beifall und sagten, sie sei ein schlauer Vogel. Shona fand es zwar ziemlich albern, Wörter zu wiederholen, die sie gar nicht verstand, aber sie freute sich so sehr über den Stolz in Sheilas Gesicht. Ihr »Aaalles gut« brachte die Leute zum Lachen, und irgendwie fühlte sie sich auch gut dabei. Es klang glücklich, als wäre alles am richtigen Ort, wo es hingehörte. Ja, sie hatte reiche, volle Tage dort verlebt, einfach so. Manchmal hatte sie am Ende eines Tages das Gefühl, keinen Augenblick für sich gehabt zu haben. Und dann sank sie müde und glücklich auf ihre Sitzstange, bereit zu schlafen. Jetzt erkannte sie, dass sie zufrieden gewesen war, wenn möglichst viel für sie entschieden wurde. Es hatte ihr gefallen, dass sie in die Tage und das Leben so vieler anderer hineingepasst hatte.

Jetzt fühlte sich alles ganz anders an. Wo war ihre »Familie«? Zu wem gehörte sie? In wessen Tag passte sie? Und wenn sie nicht hineinpasste, welche Bedeutung hatte dann ihr Leben? Warum sollte sie die lilafarbenen oder goldenen oder sonnenfarbenen Bäume erforschen? Warum sollte sie fliegen und die Loopings machen, die sie so perfekt beherrschte, wenn niemand zusah und applaudierte? Der Tag streckte sich vor ihr aus, aber was sollte sie mit ihm anfangen? Oh, dachte Shona, mein Kopf fühlt sich so geschäftig an! Es ist alles so verwirrend. Und sie konnte ja niemanden fragen! »Atme«, flüsterte eine Stimme. Und da ihr nichts anderes einfiel, atmete sie drei Mal tief durch. Eine Erinnerung an das, was die andere Shona gesagt hatte, blitzte durch ihren Kopf.

Da war die andere Shona auch schon. »O nein, die kann ich jetzt wirklich nicht gebrauchen«, dachte Shona bei sich. »Ehrlich, ich bin eh schon so verunsichert, und jetzt taucht sie auf und führt mich mit ihren wilden Plänen noch mehr auf Abwege. Ich sollte mit ihr nur zu tun haben, wenn ich mich selbstsicher fühle. Sonst führt sie mich endgültig in die Irre. Na ja, ich muss ihr ja nicht so genau zuhören«, versicherte sie sich selbst. »Ich komme schon zurecht, und um Rat muss ich sie ja auch nicht unbedingt bitten.« Shona sah die andere Shona genervt an.

»Du siehst unglücklich aus«, bemerkte die andere Shona, die ihrerseits aussah wie immer: zufrieden und entspannt. »Was natürlich nicht anders zu erwarten war. Es ist ja alles noch so neu und unbekannt und verwirrend. Zu viele Entscheidungsmöglichkeiten, würde ich sagen.« Shona zuckte zusammen. Woher kannte die andere Shona sie so gut? Manchmal fast besser, als sie sich selbst kannte.

»Vielleicht fragst du dich, was du als Nächstes tun solltest, oder besser gesagt: könntest. Ich persönlich hasse ja das Wort ›sollte‹.« Sie lachte leise. »Und ich benutze es auch selten. Aber es gibt keinen Grund, verwirrt zu ein. Im Moment gibt es nur eine Entscheidung: Du musst dir etwas zu essen suchen. Die praktischen Dinge kommen zuerst.«

»Sie überrascht mich immer wieder«, murmelte Shona in sich hinein, als die andere Shona plötzlich verschwand. »Auf einmal stehen die praktischen Dinge im Vordergrund. Ist doch nicht zu glauben.«

Shona begriff nicht, dass die andere Shona sie wieder einmal ganz sanft in die richtige Richtung gelenkt hatte. Sie hüpfte ein paar Mal auf und nieder, dann flog sie los, um sich etwas zu essen zu suchen. Zum ersten Mal tat sie das, und sie wusste nicht recht, wie sie es anfangen sollte. Für einen Augenblick vermisste sie ihre schöne blaue Schüssel mit dem Sprung ganz schrecklich, aber dann schob sie den Gedanken schnell zur Seite und flog durch den Garten. Sie fragte sich, wo all die anderen Vögel waren, die am Tag zuvor mit ihr gegessen hatten. Einige flogen genauso herum wie sie. Vielleicht suchten sie auch nach Futter. Sie versuchte, ein paar von den kleinen Grauen zu begrüßen, die geschäftig auf dem Boden herumpickten, aber an diesem Morgen schien niemand Zeit für Geplauder zu haben. Sie landete auf dem Boden und schaute aus dem Augenwinkel zu, was die anderen da aßen. Sie schienen überall etwas zu finden. Allmählich wurde es ihr klar: Der ganze Garten war eine einzige blaue Schüssel, man konnte hier überall Futter finden. Man musste nur die Augen aufhalten.

Seufzend betrachtete sie ihre Umgebung etwas genauer. Eine halb gegessene Beere lag auf der Seite. Shona pickte daran. Hmm, nicht schlecht. So eine hatte sie noch nie probiert, aber ganz in Ordnung. Unter einem Busch entdeckte sie eine Melonenschale. Sie zog sie hervor und knabberte dann an den kleinen roten Fleischstückchen, die noch daran hingen. Ein buntes Stück Plastik flog auf sie zu. Sie legte den Kopf schief und schaute hinein – aber da drin roch es gar nicht gut. Sie schaute weiter und flog auf den Baum mit den lilafarbenen Blüten. Jetzt konnte sie sehen, dass braune Beeren dort hingen. Sie probierte eine. Dann bemerkte sie von ihrem Platz aus eine große Wasserschüssel und flog hinunter, um einen Schluck zu trinken. Viele andere Vögel tranken dort ebenfalls. Diesmal dachte sie auch beim Trinken daran, wachsam zu bleiben, falls Gefahr drohte. Sie hatte den unhöflichen schwarzen Vogel noch im Kopf, den sie für sich Kaan getauft hatte, die überheblichen Matronen und die unfreundlichen Menschen. Jazz' Worte über andere unfreundliche Tiere fielen ihr wieder ein. Shona war so wachsam wie noch nie, aber sie fühlte sich auch sehr lebendig. Jeder Augenblick schien angefüllt mit Gefahr und Möglichkeiten. Alles war so neu um sie herum.

Sie untersuchte die großen roten Becherblüten, flog auf die Spitze des Baumes und schaute hinein. Jede Blüte war von wunderbarer Gestalt und enthielt eine klebrige Flüssigkeit. Einige Blüten fielen mit lautem Platschen auf den

Boden, und dann lagen sie hilflos da. Die goldgelben Blüten, die sie aus der Ferne bewundert hatte, schwebten sanft zu Boden wie ein gelber Regen und bildeten einen schönen Teppich um den Baum herum. Überall in dem Garten lagen Blumen. Viele wuchsen nicht an Bäumen, sondern direkt aus der Erde. Sie hatten so viele schöne Farben und Formen, dass Shona beschloss, sie alle genauer zu untersuchen, sobald sie etwas mehr Zeit habe. Zarte farbige Geschöpfe schwebten über den Blüten. Sie wusste, dass sie viel kleiner waren als sie. »Bist du ein Vogel wie ich?«, fragte sie eins dieser Geschöpfe, als es geschäftig vorbeiflog. »Nein, nein. Ich bin kein Vogel«, erwiderte das kleine Geschöpf mit perlendem Lachen, flog schnell weiter und ließ sich auf der nächsten Blume nieder. »Ich erkläre es dir ein andermal, heute bin ich sehr beschäftigt.« Shona staunte über das strahlend blaue Kleid, das sehr elegant in Gold und Grün bemalt war.

Je mehr sie schaute, desto mehr sah sie auch. Wohin immer sie ihre Aufmerksamkeit wandte, überall bemerkte sie eine ganz neue Welt. Genau dort, wo sie saß, bewegten sich kleine schwarze Tiere in einer langen, disziplinierten Reihe und trugen ein Reiskorn. Das Reiskorn sah auf einmal so groß aus! Die schwarzen Tierchen waren sehr zielstrebig und schienen genau zu wissen, wohin sie gingen und was sie taten. Denen geht es besser als mir, dachte Shona. Andere winzige Tiere gingen ebenfalls ihrem Tagwerk nach:

Sie krabbelten in Erdlöcher, auf Bäume oder von Bäumen hinunter. Manche flogen auch durch die Luft. Es gab strahlend blaue, grüne, kupferfarbene und sogar eins, das aussah wie ein Blatt. Shona erschrak ein bisschen, als es sich plötzlich bewegte und dann wegflog. Jeder Zentimeter Boden war eine ganze Welt voll Aktivität. Es gab so viel zu sehen!

Und es gab so viel zu hören. Shona bemerkte es erst, als sie richtig hinhörte. Plötzlich drangen ganz viele Geräusche an ihr Ohr: ein Summen in ihrer Nähe, Bäume, die sich etwas zuflüsterten, der Flügelschlag eines Vogels. In der Ferne hörte sie Kinder spielen, einen Hund bellen, und noch weiter weg die Hupe eines Autos und das Geräusch, das sie schon wahrgenommen hatte, als sie über den Markt geflogen war. Je mehr sie lauschte, desto weiter in die Ferne konnte sie horchen. Shona staunte – solange sie sich darauf noch nicht eingestellt hatte, waren ihr selbst die nahen Geräusche entgangen.

Nachdem es ihr gerade so gut gefiel, beschloss sie, als Nächstes mit Gerüchen zu experimentieren. Aaah! Blütendüfte wehten ihr entgegen, und sie konnte ein paar von ihnen schon unterscheiden: mild, würzig, zart, dominierend. Einige forderten ihre Aufmerksamkeit, andere warteten im Hintergrund, bis sie sie bemerkte. Die Erde hatte ihren ganz eigenen Duft. Shona schnupperte und nahm die Rinde des Baumes wahr, unter dem sie saß, und dann noch vieles anderes. Ein spezieller Duft zog sie besonders an, aber sie konnte nicht feststellen, worum es sich handelte. Unangenehme Gerüchte mischten sich mit angenehmen – das machte Spaß!

Shona ging ganz im Sehen, Hören und Riechen auf. Seltsame Dinge passierten. Sie konnte hören, wie die Blumen miteinander redeten. Sie hatten alle verschiedene Stimmen, wie die Menschen. Einige sprachen leise, fast flüsternd, andere riefen laut, so zum Beispiel die großen gelben Blumen, die aussahen wie Sonnen und alle anderen im Beet überragten. Sie hörte, wie die Blätter leise zu Boden fielen. Sie hörte ihren eigenen Atem. Sie hörte, wie das Gras wuchs. Sie konnte mit ihrem Blick die Rinde der Bäume durchdringen. Und als sie weitersah, konnte sie in alles hineinschauen. Die Grenzen zwischen den Dingen verwischten. Plötzlich spürte sie den Herzschlag des Erdbodens, den Garten und alles, was darin war. Der ganze Garten atmete im Gleichklang. Sie schloss die Augen. Sie war ein Teil dieses Ganzen.

Shona wusste nicht, wie lange sie dort gesessen hatte. Sie schien das Gefühl für Zeit und Raum verloren zu haben. Und offenbar hatte sie auch ihr gesamtes Verantwortungsgefühl verloren, wie ihr klar wurde, als sie wieder zu sich kam. Sie musste Futter suchen, entscheiden, was als Nächstes passieren sollte, und wachsam auf Gefahren achten. Und stattdessen saß sie da und träumte still in den Tag hinein. Als sie sich aufrichtete, spürte sie, dass sie ruhig und aufmerksam war. Zielstrebig flog sie auf den höchsten Ast des

Baumes. Von dort aus würde sie sich umschauen und eine Strategie entwickeln.

Droben traf sie zwei Vögel, die dasaßen, als hätten sie auf sie gewartet. Sie starrten sich an, und irgendwie – Shona fragte sich später, wie das sein konnte – vertraute sie ihnen sofort.

»Hallo«, begrüßte sie der eine Vogel fröhlich. »Hast du Lust, was essen zu gehen?«

»Schön, dich zu treffen«, stimmte der zweite ein. »Ist doch immer schön, wenn man jemandem von der eigenen Art begegnet.«

»Was das wohl heißen soll?«, fragte sich Shona zweifelnd. »Bin ich den so wie sie? Sehe ich zum Beispiel so aus wie sie?« Sie schaute die beiden schönen Vögel an, die grün gekleidet waren und schicke rote Schulterklappen und lange Schwänze hatten. Shona hatte sich selbst noch nie wirklich angesehen und wusste gar nicht, wie sie aussah. Aber natürlich hätte sie ihnen gern geglaubt. Im Moment konnte es nichts schaden, mit ihnen zu gehen, zumal sie hungrig war und etwas zu essen brauchte.

»Wie heißt ihr?«, fragte sie schüchtern. »Mein Name ist Shona.«

»Was ist denn ein Name?« Die beiden sahen sie fragend an. »Kann man das essen?«

»Na ja.« Shona sah sie an und kam sich sehr dumm vor. »Ein Name … so nennen einen die anderen. Er sagt euch, wer ihr seid.« Sie hielt inne und wusste nicht, was sie noch sagen sollte. Solange sie sich erinnern konnte, war sie Shona.

»Wir nennen uns nicht irgendwie«, kicherte der eine Vogel. »Und wer ich bin – na, ich bin einfach ich.«

»Einfach so«, stimmte der andere zu.

»Sind das dann eure Namen?«, fragte Shona, die immer noch verwirrt war. »Einfach ich und Einfach so?«

Sie schaute von einem zum anderen. Beide Vögel lachten laut. Shona kam sich wirklich sehr dumm vor, hatte sie etwas Falsches gesagt? Sie wollte gerade eine Entschuldigung stottern, da hielten die beiden sie auf.

»Oh, es muss dir nicht leidtun«, sagte der Erste. »Du kannst uns nennen, wie du willst. Und immer wieder anders. Mir macht das nichts aus, einen Tag lang einfach ich zu sein.«

»Und ich bin dann einfach so. Was bedeutet Shona? Warum nennst du dich so?«

»Oh, das habe ich nicht selbst entschieden, das hat jemand anderer getan«, entgegnete Shona.

»Ist ja interessant«, sagte der eine Vogel und riss die Augen weit auf. »Jemand anderer hat dir dieses Ding gegeben, diesen Namen, und seitdem gehört es dir, und so wird es bleiben. Du sagst ja, alle nennen dich so. Hm.«

»Wer hat es dir denn gegeben?«

Shona war unbehaglich zumute. Sie wollte ihre Vergangenheit noch nicht mit anderen teilen. »Das ist eine lange

Geschichte«, stotterte sie und wollte sich am liebsten zurückziehen.

Ihre neuen Freundinnen spürten das und drängten sie nicht. »Willst du uns auch einen Namen geben?«, fragte Einfach ich, um die Stimmung wieder aufzulockern. »Das könntest du doch tun.«

»Und mir kannst du auch einen geben«, sagte die andere. »Das klingt echt spaßig.«

»Ich soll euch Namen geben?«, stotterte Shona. »Ich weiß nicht, ob das geht … und ich kenne ja auch gar keine.«

»Natürlich geht das. Du hast einen, also kannst du auch einen verschenken. Los, ich hätte gern einen richtig süßen Namen.«

Shona zerbrach sich den Kopf. Sie wollte diese beiden schönen Vögel nur zu gern ein wenig beeindrucken. Etwas Süßes. Was konnte das sein? Sie dachte an das Süßeste, was sie kannte, ihr liebstes …

»Mango!«, platzte sie heraus. »Mango ist das Süßeste, Köstlichste, was ich je gegessen habe. Du kannst Mango heißen.« Sie sah Einfach ich an.

Die frisch getaufte Mango erwiderte ihren Blick. »Dann werde ich also eine Mango«, lachte sie. »Eine süße Mango, die man essen kann.«

»Nein, nein«, lächelte Shona und versuchte, möglichst selbstsicher auszusehen. »So funktioniert das nicht.« Sie kam sich sehr wichtig vor, weil sie Namen austeilte, die vielleicht ein Leben lang halten würden.

»Und was ist mit mir?«, ging Einfach so dazwischen und tat, als würde sie schmollen. »Wer bin ich?«

»Du? Du?« Shona versuchte die Panik zu verbergen, weil sie in so kurzer Zeit noch einen zweiten Namen erfinden musste. Mango war ein Glücksgriff gewesen, und der Name klang auch noch schön.

Der namenlose Vogel sah sie erwartungsvoll an.

»Und du«, sagte Shona und schaute wieder möglichst selbstbewusst, obwohl sie sich überhaupt nicht so fühlte. »Du kannst Tango heißen.«

»Ich bin Tango! Ich bin Tango! Das ist mein Name, wie schön!«, sang Tango. »Und ich bin die beste Freundin von Mango.«

»Mango! Tango! Mango! Tango! Jetzt haben wir Namen!«, krächzten die beiden entzückt. »Vielen Dank, Shona!«

»Dann wollen wir jetzt losfliegen«, erklärte Mango. »Und ein bisschen Spaß haben. Wir sollten unseren Freunden erzählen, dass wir jetzt Namen haben, mit denen sie uns rufen können.«

Shona folgte ihnen. Sie flogen direkt zu einer Ansammlung hoher Bäume mit weißer Rinde. Seltsam! Shona erinnerte sich an den Duft, der ihr vor Kurzem in die Nase gestiegen war. Das war er! Stark und anziehend und ja, jetzt konnte sie ihn auch zuordnen. Es war ein Krankheitsgeruch. So hatte es gerochen, wenn Sheila oder eins ihrer Kinder eine Erkältung hatte. Sie landete mit ihren neuen Freunden auf dem Baum und wusste sofort, was zu tun war. Wie die anderen zog sie ein Stück von der Rinde ab und pickte daran. Der Duft wurde stärker. Sie schärfte ihren Schnabel, dann flogen sie alle weg. Was für ein neues Gefühl, nicht mehr allein zu sein. Sie fühlte sich mutig und klug.

Gemeinsam erkundeten sie den Garten und fanden etwas zu essen. Sie probierten Nüsse und Beeren und Reste von einem Menschenpicknick. Sie landeten und tranken aus der großen Wasserschüssel in der Mitte des Gartens. Als sie sich zum Trinken bückte, erblickte Shona einen strahlend grünen Vogel, ganz genau wie ihre neuen Freunde, der sie aus dem Wasser ansah. Dieselben roten Schulterklappen, derselbe rote Schnabel. Dieser Vogel sah genauso fantastisch aus wie die anderen. Als sie sich noch tiefer bückte, berührte ihr Schnabel den Schnabel des Vogels im Wasser. Er schien alles nachzumachen, was sie tat.

»Bewunderst du dich selbst?«, hörte Shona Tango flüstern. Sie schüttelte das Wasser vom Schnabel, und als sie sah, dass der Vogel im Wasser dasselbe tat, begriff sie, was ihre Freundin meinte. Dieser Vogel da im Wasser, das war sie! Der Vogel, den sie im Wasser bewundert hatte, das war sie! Sie sah wirklich genauso aus wie Mango und Tango.

Sie lächelte und widerstand der Versuchung, ihr neu gefundenes Selbst noch ein paar Minuten zu bewundern. Stattdessen flog sie mit ihren Freunden zu dem kuppelförmigen Gebäude, wo sie sich niederließen und fröhlich plauderten. Kaan empfand sie gar nicht mehr als Bedrohung. Shona erzählte Mango und Tango von Kaan und den Matronen und dem Vogel mit dem orangefarbenen Make-up um die Augen. Die beiden kreischten vor Vergnügen, als sie Shonas Beschreibung hörten. Und sie lachten vor allem über Kaan, den Angeber.

»Vielleicht hat der arme Kerl ein Herz, das genauso schwarz ist wie seine Federn. Dann ist es ja klar, dass er unhöflich und gemein wird«, kommentierte Tango und lachte noch einmal.

Sie sprachen auch über Miss Orange und beschlossen, ihre Augenschminke sei wohl eine Maske, um ihre Ängste zu verbergen. Und die Matronen, nun die waren eigentlich ganz nett. Shonas Freundinnen erzählten, dass die großen Vögel sich nur manchmal ein wenig aufspielten. Wie alle Freundinnen auf dieser Welt entspannten sie sich zusammen, und als der Tag zu Ende ging und die Sonne sich wieder dem Horizont zuneigte, feierten sie ihre Freundschaft und erklärten, sie würden sich nie wieder trennen.

»Morgen ist ein neuer Tag«, sagte Mango. »Da ziehen wir weiter. Morgen früh, Shona, fliegen wir los zu einem Ort, von dem wir gehört haben und wo wir leben wollen. Ein

Paradies für Vögel wie uns, glaube ich. Dort gibt es viele, die so sind wie wir. Es ist ein sehr alter Ort mit einem alten Haus und Gärten und …«

Sie wandte sich Shona zu und erklärte: »Du wirst schon sehen. Du kommst natürlich mit uns.« Sie sagte das so überzeugt, dass kein Platz für Zweifel blieb.

»Ja«, erwiderte Shona. »Wahrscheinlich.«

Wie konnte sie mit einer solchen Sicherheit Ja sagen? War das der Radar, den die andere Shona irgendwann erwähnt hatte? Überschritt die Begegnung mit den anderen beiden Zeit und Raum? War es einfach nur das Bedürfnis, nicht allein zu sein? Sollte sie den beiden vertrauen?

»Hast du mich gerufen? Hast du dich an mich erinnert?« – die andere Shona erschien vor ihr. Bevor sie ihr antworten konnte, sagte sie: »Liebste Shona, stell dir nicht so viele Fragen. Flieg einfach mit dem Strom. Wenn es sich so richtig anfühlt, dann ist es richtig. Mach schon!«

Manchmal musst du nur zugeben, dass du etwas nicht weißt, und um Hilfe bitten. Starr nicht auf die Dinge, so geht es am einfachsten und entspanntesten. Ich habe es versucht und kann dir versprechen, dass es funktioniert – und zwar immer. Man braucht nicht immer komplizierte Pläne. Wenn du dich entspannst und darauf vertraust, dass die Antworten kommen werden, dann kommen sie auch, und du findest den richtigen Weg.

8

Am nächsten Morgen drangen die Sonnenstrahlen in den Garten. Ein kühler Wind sang ihnen ein Willkommenslied. Die Bäume bewegten sich zu der Musik. Alle möglichen Vögel stimmten ein, begrüßten einander und den neuen Tag. Die Äste der Bäume streckten sich aus, die Blätter streichelten einander, auch Menschen kamen in den Park und gingen ihre immer gleichen Runden, entschlossen und zielstrebig.

»Es ist Zeit, loszufliegen.« Das war Tango, die sich auf dem Ast neben Shona niederließ. »Bist du bereit?«

»Ja! Ja, ich bin bereit«, antwortete Shona. »Los geht's.«

»Fliegen, fliegen, fliegen«, flüsterte sie sich zu, als eine neue Welle der Unsicherheit sie überschwemmte. »Sie wissen, wissen, wissen es. Hab Vertrauen, Vertrauen, Vertrauen.«

»Es geht immer um Vertrauen«, sagte Mango, als würde sie Shonas inneres Gespräch kommentieren. »Wenn wir etwas Neues anfangen, können wir uns oft an nichts anderem festhalten als an unserem Vertrauen, oder?«

»Ja, aber ich habe immer das Problem, nicht zu wissen, wem ich vertrauen kann«, murmelte Shona schüchtern. »Ich bin mir einfach nicht sicher.«

»Oh, so meine ich das nicht«, unterbrach ihre Freundin sie schnell. »Vertrauen ist nicht an andere Personen gebunden. Es ist ein Gefühl, eine Daseinsweise. Es bedeutet losgehen und wissen, dass du ankommen wirst. Ein entspanntes Gefühl von Furchtlosigkeit.«

»Sie klingt ein bisschen wie die andere Shona«, überlegte Shona, aber diesen Gedanken behielt sie für sich. Sie hatte ihren Freundinnen noch nichts von den Gesprächen mit der anderen Shona erzählt. Sie war auch nicht sicher, ob sie so etwas verstehen würden.

»Es geht eher darum, sich einzustimmen«, fuhr Mango fort. »Und zu sehen, was sich richtig anfühlt. Also, dann wollen wir uns einstimmen und losfliegen.«

Shona wusste nicht recht, was sie tun sollte. Sie beobachtete, wie ihre beiden Freundinnen schwiegen, ganz still dasaßen und dann plötzlich in die gleiche Richtung schauten. Laut sagten sie: »Dorthin. Das ist die Richtung, in die wir fliegen müssen.«

Wie immer, überschlugen sich die Fragen in Shonas Kopf. Wie hatten sie das jetzt entschieden? Was hatten sie gemacht? Wie konnten sie so sicher sein, und wie kam es, dass sie das Gleiche dachten? Sie hätte immer so weiterfragen können, aber sie musste jetzt damit aufhören und darauf achten, was die beiden taten. Sie waren schon abgehoben, und Shona musste schnell fliegen, um zu ihnen aufzuschließen. Sie konnte sie vor sich sehen, wie sie lachten und dahinflogen und manchmal miteinander plauderten. Sie schienen sich ihrer selbst und ihres Weges sehr sicher zu sein. Shona erinnerte sich an ihre eigene Reise, die sie vor ein paar Tagen unternommen hatte. Auch jetzt spürte sie wieder die Panik und Furcht, die sie begleitet hatten. Sie hatte überhaupt nicht gewusst, wohin sie flog und wie.

Als sie Mango und Tango einholte, machten die beiden ihr Platz, damit sie zu dritt nebeneinander fliegen konnten. Wie drei grüne Pfeile flogen sie, hoch am klarblauen Himmel, über den Baumwipfeln, vorbei an Häusern, Gärten und noch mehr Häusern. Es war aufregend. Einmal rief Tango: »Jetzt geht es los! Nutze die Thermik! Lass los und entspann dich!«

Shona folgte ihren Freundinnen, die ihre Flügel gar nicht mehr bewegten und nur noch auf dem Wind dahinsegelten. Nie zuvor hatte sie so viel Freude empfunden oder war so weit und schnell geflogen, ohne jede Mühe. Wieder fragte sich ihr Geist, wie das alles sein konnte, aber sie war viel zu beschäftigt damit, zu genießen, als dass sie auf all diese Fragen hätte achten können. Vielleicht ist es dieses Gefühl, das Mango vorhin gemeint hat, dachte sie bei sich, während sie sanft dahinschwebte. Es geht nur ums Vertrauen.

»Ich habe Hunger«, sagte Mango, gerade als Shona anfing, sich ebenfalls hungrig zu fühlen.

»Ich habe Durst«, sagte Tango, und auch das schien ein

Echo von Shonas Gedanken zu sein. »Kommt, suchen wir uns einen Platz, wo wir etwas essen und trinken können.«

Sie landeten, und bevor Shona wusste, wie ihr geschah, waren sie auf einer grünen Wiese angekommen. Hohe Pflanzen wiegten sich im Wind. Shona folgte ihren Freundinnen und pickte an den Samenkörnern der Pflanzen. Sie fuhr zurück, als ein Mann mit Stock sie verjagen wollte, aber ihre Freundinnen kicherten nur und sagten ihr, sie müsse sich nicht fürchten. »Der ist harmlos«, flüsterte Tango. »Der arme Kerl kann sich nicht rühren, er ist ganz steif. Man fürchtet sich nur beim ersten Mal vor ihm.«

»Kommt!«, kreischte Mango. »Seht doch nur!« Und schon war sie dabei, eine große reife Tomate zu verspeisen, sodass ihr der Saft über die Wangen lief. Shona und Tango schlossen sich ihr an, und zu dritt genossen sie all das Gemüse um sie herum. Ein Häppchen hier, ein Häppchen da, es war wie ein schönes Buffet, das beste Essen, das Shona seit langer Zeit genossen hatte. Und wie durch Zauberei gab es am Ende als Nachtisch ihre Lieblingsfrucht, nach der sie ihre Freundin genannt hatte: eine Mango. Die Früchte hingen von den Bäumen, als warteten sie nur darauf, dass sie kamen und hineinbissen.

Shona musste aufstoßen und sich auf den Boden legen. Sie war so satt, dass sie sich kaum noch rühren konnte. »Ich glaube nicht, dass ich jetzt gleich weiterfliegen kann«, sagte sie und schaute in den Himmel. »Das war ein Genuss! Danke, dass ihr mich hierher gebracht habt. Wart ihr schon mal hier?«

»Nein, natürlich nicht«, lachten die anderen beiden Vögel. »Wir waren noch nie in dieser Gegend.«

»Aber wie konntet ihr wissen …« Shona hielt inne und schaute von einem Vogel zum anderen.

»Wissen? Nun, es gibt viele Arten von Wissen …«, sagte Mango weise. »Einmal das logische Wissen, wenn man nachdenkt und seinen Verstand fragt. Der Verstand sagt dir, was er weiß, was er durch Erfahrung gelernt hat. Durch Sehen, Hören, Riechen, Schmecken und Berühren. Vielleicht hat er auch von anderen gelernt oder man hat ihm etwas beigebracht. Das ist bei uns allen so. Tatsächlich lernen wir in jeder Sekunde dazu.« Sie hielt inne. »Aber weißt du, es gibt auch noch eine andere Art des Wissens. Die ist unlogisch und seltsam, aber sie funktioniert. Vor allem, wenn der Verstand gerade nicht funktioniert.«

Mango sah die Verwirrung in Shonas Gesicht.

»Ja, liebe Shona«, sagte sie. »Sei wieder fröhlich, mach dir keine Sorgen. Du hast es wahrscheinlich selbst schon erlebt, aber gar nicht bemerkt. Vielleicht hast du über etwas nachgedacht, hast versucht, zu einer Entscheidung zu kommen, eine Lösung für etwas zu finden, was dich beunruhigt. Und dann bist du auf einmal des Denkens müde. Du beschließt, eine kleine Pause zu machen, und in dieser Pause, wenn sich dein Verstand ausruht, findest du plötzlich die Lösung.«

Shona und Tango hörten genau zu.

Mango fuhr fort: »Es ist, als täte sich all dein beschränktes Wissen – denn es ist ja doch bei uns allen recht beschränkt – mit all dem endlos vielen zusammen, was du nicht weißt. Manchmal musst du nur zugeben, dass du etwas nicht weißt, und um Hilfe bitten. Starr nicht auf die Dinge, so geht es am einfachsten und entspanntesten. Ich habe es versucht und kann dir versprechen, dass es funktioniert – und zwar immer. Man braucht nicht immer komplizierte Pläne. Wenn du dich entspannst und darauf vertraust, dass die Antworten kommen werden, dann kommen sie auch, und du findest den richtigen Weg, so wie wir ihn heute gefunden haben.«

Shona schwieg. Mit der anderen Shona hatte sie genau dieselben Dinge besprochen, fiel ihr jetzt wieder ein. Sie kam sich klein und dumm vor. Eine Welle des Bedauerns überschwemmte sie, am liebsten hätte sie die andere Shona gleich getroffen und sich bei ihr für ihr unhöfliches Benehmen entschuldigt. Aber im Grunde wusste sie immer noch nicht recht, was ihre Freundinnen meinten.

»Vertrauen auf was, Mango?«, fragte sie. »Und auf wen?«

Mango und Tango lachten laut, aber freundlich.

»Ach, kleine Shona, du musst noch so viel lernen! Du sollst natürlich dir selbst vertrauen, das ist immer das Beste«, sagte Tango.

»Dem inneren Rat, den du ganz deutlich hörst«, ergänzte Mango. »Nennen wir ihn innere Stimme. Sie beruht nicht nur auf deinem Verstand oder auf Logik, sie weiß einfach.«

»Ich würde sagen, hör auf dein Herz«, fügte Tango hinzu. »Dein Herz weiß immer Bescheid. Manchmal sagt es dir Dinge, die du kaum glauben kannst, aber am Ende hat es doch immer recht. Das ist schon erstaunlich.«

»Ja, so ist das mit deinem Herzen, und manchmal auch mit deinem Bauch«, lachte Mango, die die typische ratlose Falte in Shonas Gesicht sah.

Shona lag da und versuchte zu verdauen, was ihre Freundinnen da sagten. Ihr Verstand hatte gerade genauso viel

Mühe wie ihr Magen. Oder ihr Bauch, wie Mango gesagt hatte.

»Ist es so etwas wie ein Radar, den jeder von uns hat?«, fragte sie zögernd und musste wieder aufstoßen. Die andere Shona hatte von einem Radar gesprochen.

»Ja, das ist eine fantastische Beschreibung!« Mango und Tango sahen Shona bewundernd an. »Du bist wirklich klug, Kleines! Du lernst schnell. Ja, mit diesem Radar, wie du es nennst, kann man nie verlorengehen. Die Menschen müssen es noch lernen, aber wir Vögel haben ihn schon immer besessen.«

Die andere Shona hatte also recht, gab Shona im Stillen zu. Sie musste ihr einfach besser zuhören. Ihr hatte sie es zu verdanken, dass ihre neuen Freundinnen sie jetzt noch mehr respektierten!

»Nun, mein Radar sagt mir jedenfalls, wir sollten weiterfliegen«, bemerkte Mango und schlug mit den Flügeln.

Shona stand mühsam auf, und bald waren die drei Freundinnen wieder in der Luft. Im Moment folgte Shona einfach dem Radar der anderen beiden, weil sie noch nicht so recht wusste, wie sie sich darauf einstimmen sollte.

Sie flogen lange Zeit, und gerade als Shona anfing sich zu fragen, wie lange die Reise wohl noch dauern würde, gingen sie in den Sinkflug. Die Sonne sank ebenfalls, und auch die drei Reisenden brauchten jetzt Ruhe. So landeten sie wieder in einem Garten. Shona fühlte sofort, wie friedlich es dort war. Sie war zu müde, um sich genauer umzusehen, aber sie erkannte doch den hohen Turm in einer Ecke des Gartens. Er reckte sich in den Himmel. Shona hatte noch nie einen so hohen Turm gesehen. Sie musste den Kopf verdrehen, um überhaupt seine Spitze zu erkennen. Er schien sich gefährlich zu neigen, aber Shona hoffte, heute Nacht würde er noch stehen bleiben, sodass sie ihn am nächsten Morgen genauer betrachten konnte. Sie flog zu einem seltsamen Baum, von dessen Ästen Seile herunterbaumelten, und ließ sich auf einem der Äste nieder. Kaum konnte sie ihren Freundinnen noch ein »Gute Nacht« zurufen, da fielen ihr schon die Augen zu und sie schlief ein.

»Willkommen daheim!«, sagte die andere Shona und umarmte sie fest. »Gut gemacht! Du hast es friedlich und ohne Stress geschafft. Fantastisch, Mädchen, ich bin sehr stolz auf dich. Verglichen mit dem ersten Versuch ist das ein unglaublicher Wandel. Und vertrauenswürdige Freunde hast du auch gefunden. Mehr kann man wirklich nicht verlangen.«

Shona lächelte. Zum ersten Mal schmollte sie nicht oder reagierte feindselig auf die andere Shona. Sie dankte ihr nicht und entschuldigte sich auch nicht, wie sie es ursprünglich vorgehabt hatte, aber so, wie es war, war es gut. Die andere Shona schien ganz entzückt, sie zu sehen, also ließ sie die anderen Dinge auf sich beruhen. Außerdem fühlten sich die Komplimente einfach gut an.

»Ein paar Fragen muss ich dir aber stellen«, sagte Shona. »Ich wüsste gern, was du von dieser Sache namens Vertrauen hältst, von der meine Freundinnen heute dauernd gesprochen haben. Und, ja, ich würde auch gern über diesen Radar sprechen, den du mal erwähnt hast. Wie funktioniert der? Bist du sicher, dass ich so etwas habe? Und übrigens, bist du vielleicht meine innere Stimme? Oder bist du mein Herz? Bist du es, die Bescheid weiß? Und wenn ja, wie machst du das? Warum kann ich dich nicht sehen, so wie meine Freundinnen? Warum bleibst du im Verborgenen und im Geheimen?«

Die andere Shona lachte freundlich. »Du stellst immer so viele Fragen, liebe Shona. Für alles hast du ein Warum oder ein Wie. Kannst du nicht mal versuchen, ein Weilchen in der warumlosen Zone zu bleiben? Versuch es mal, es ist sehr entspannend. Gute Nacht, mein Schatz, ich liebe dich.«

Shona sah den Wassertropfen zu, die auf den Boden fielen und kleine, fröhliche Kreise bildeten. Sie beobachtete, wie sie an den Drähten um die Wette liefen, die zwischen hohen Pfählen im Garten hingen. Sie sah, wie sie an Blattspitzen hingen und ihr spielerisch zublinzelten, bevor sie hinuntersprangen. Sie fühlte sich, als würde sie tanzen. Und das tat sie dann auch.

9

Früh am nächsten Morgen wurde Shona wach. Von der Anstrengung des langen Fluges am vergangenen Tag tat ihr alles weh, aber ihr Geist war aufgeregt und voller Erwartung. Sie genoss die Frische des neuen Tages, die sanfte Berührung des kühlen Windes, das Flüstern der Blätter, die sich gegenseitig wachkitzelten, die Äste, die sich streckten, all das Leben, das wiedererwachte. Der neue Tag war ihr immer vorgekommen wie eine reife Mango – duftend und voller Verheißung, als wartete er nur darauf, genossen zu werden.

Und heute war das Gefühl besonders stark. All das Neue schärfte ihre Sinne, sie spürte jedes Geräusch, jeden Duft, alles, was sie sah, mit aufmerksamer, entzückter Neugier. Sie schwang sich durch die Bäume, schrie vor Freude über alles, was sie sah, hörte, schmeckte und roch.

Wie an dem Ort, wo sie in der Nacht zuvor gerastet hatte, gab es auch hier große grüne Gärten. In einer Ecke stand der hohe Turm, und daneben gab es auch noch viele andere Gebäude. Aber der Ort fühlte sich anders an – Shona wusste nicht recht, wie sie es beschreiben sollte. Er hatte Geschichten zu erzählen, Er-Geschichten und Sie-Geschichten.

Viele Erzählungen hingen in der Luft und warteten, ob jemand käme und zuhörte. Das große Gebäude schien ganz mit Geschichten beschrieben zu sein, dachte Shona, als sie hinaufflog, um es genauer zu betrachten. Es stand da, als wäre es schon sehr lange da und hätte viel gesehen. Es gab dort auch noch andere faszinierende Gebäude: eine Säule, die ganz allein in der Mitte eines Platzes stand – hoch und schmal blickte sie in den Himmel. Und in der Ferne gab es noch ein paar winzige Räume, die sie erforschen würde. Aber die Bäume – die sorgten dafür, dass Shona sich richtig wohlfühlte. Riesig hoch und alt waren sie, und die kleine Shona fühlte sich sicher und frei, ihre neue Umgebung zu erkunden. Seltsam, dachte sie, dass man sich an einem neuen Ort so sicher fühlen kann.

Mango und Tango hatten recht gehabt, es gab viele Vögel, die so waren wie sie. Und sie lebten alle in einer bestimmten Ecke.

Als Shona dort ankam, erschrak sie erst ein wenig über die vertrauten Schreie und die laute Geschäftigkeit, von der sie jetzt wusste, dass sie zu »ihrer Art« gehörte. Hektische Aktivität kam auf, als viele, die so waren wie sie (wie schön, dass ihre Freundinnen ihr gezeigt hatten, wer sie war!), auf und nieder flogen, wie durch Zauberhand in Löchern verschwanden und genauso unerwartet wieder auftauchten. Ihre grünen Köpfe schauten aus den Höhlen. Shona war begeistert. Sie hätte zu gern auch so ein Zuhause gehabt, dachte sie bei sich. Ein eigenes Zuhause! Ein schöner Gedanke, der sie aber sofort mit Sorge erfüllte.

Wann würde sie ein eigenes Zuhause finden? Und wie sollte sie es finden? Wo sollte sie anfangen, danach zu suchen? Und wann? Das friedliche Gefühl, das sie den ganzen Morgen empfunden hatte, löste sich schnell auf. Ebenso ging es mit den großen Gebäuden, den anderen Vögeln und dem hohen Turm. Nichts davon existierte, nur Shona und die graue Wolke der Sorge über ihr. Ein Teil ihres Geistes stellte Fragen, ein anderer versuchte zu antworten. Aber die Wolke wurde nur noch dunkler. Plötzlich erinnerte sie sich an ihre Freundinnen Mango und Tango. Natürlich, die beiden konnte sie fragen, was sie davon hielten. Das Gespräch mit Mango übers Vertrauen und die innere Stimme fiel ihr wieder ein. Shona versuchte sich zu erinnern, was Mango gesagt hatte. Fetzen des Gesprächs gingen ihr durch den Kopf. Sie konnte sich erinnern, dass Mango gesagt hatte, man solle zugeben, wenn man etwas nicht wusste, und dann um eine Antwort bitten. Das war einfach, dachte Shona unbehaglich. Wie gern hätte sie jemanden um eine Antwort gebeten. Jetzt fiel ihr das ganze Gespräch wieder ein. Mango hatte gesagt, man solle sich selbst fragen, wenn man Zweifel habe.

Shona ließ sich verzweifelt zurücksinken. Vielleicht musste sie eine Pause machen, kurz aufhören nachzudenken, wie Mango es ihr empfohlen hatte. Sie entspannte sich und wartete und sah sich um – sie wollte gern mitbekommen, aus welcher Richtung die Antwort kam. Als sie sich umschaute, nickte ihr ein alter Baum zu. Ohne lange nachzudenken, flog sie auf den Baum und setzte sich auf einen seiner Äste. Ein leichter Wind kitzelte sie, sie schlug ein wenig mit den Flügeln und flog auf einen höheren Ast. Gleich neben dem Ast befand sich eine Art Eingang, so ähnlich wie der, bei dem sie die anderen Vögel gesehen hatte, wie sie heraus- und wieder hineinflogen. Shona spähte hinein, aber es war niemand zu sehen. Ihr Herz schlug schnell. Konnte es möglich sein, dass dieses »Zuhause« leer war und ihr gehören durfte? Das war zu einfach, so leicht konnte es doch gar nicht sein. Shona war verwirrt.

Lange saß sie auf dem Ast und schaukelte hin und her. Ja? Nein? Ja? Nein? Sollte sie die andere Shona fragen? Bevor sie auch nur angefangen hatte, sich eine Antwort auszudenken, erschien die andere Shona auch schon. Sie schien immer in der Nähe auf eine Gelegenheit zu warten, ihre Meinung zu sagen, dachte Shona. Aber schließlich hatte sie sie um Rat bitten wollen, also fragte sie sie. Zur Abwechslung schüttete sie der anderen Shona ihr Herz aus und endete mit: »Und dann habe ich das hier gefunden.« Shona zeigte auf das Zuhause. Sie hatte hineingeschaut und sich genauso schnell wieder zurückgezogen, weil sie unsicher war, ob es ihr wirklich »gehöre«.

»Es scheint, als würde dich nur die Schnelligkeit und

Leichtigkeit stören, mit denen du es gefunden hast«, sagte die andere Shona sanft. Shona konnte sehen, dass die andere Shona sich ein Lächeln verkniff. »Wenn du es nach monatelanger Suche gefunden hättest, dann wärst du vermutlich einfach so hineingesprungen. Du hast es noch gar nicht richtig angeschaut, um festzustellen, ob es dir gefällt.«

Darüber dachte Shona nach. Sie musste zugeben, dass die andere Shona recht hatte.

»Aber wie kann es so einfach sein?«, fragte sie und verlieh damit ihren Gedanken Ausdruck. »Da muss ich doch zweifeln, ob es das Richtige ist.«

»Richtig oder falsch – das sind zweitrangige Fragen«, antwortete die andere Shona weise und unbeirrt. »Du machst dir Sorgen, weil du nicht akzeptieren kannst, wie einfach es ging, oder? Du hast keine großen Pläne oder Landkarten gebraucht, und doch ist es passiert. Du hast nicht mal richtig darüber nachgedacht. Tatsächlich ist es passiert, als du gerade nicht nachgedacht hast, oder?« Diesmal versuchte die andere Shona gar nicht erst, ihr fröhliches Lachen zu unterdrücken. Wenn man sein eigenes Selbst für einen Moment außer Acht lässt, ist es tatsächlich ganz einfach, dachte sie im Stillen.

»Stimmt«, unterbrach Shona sie. »Es war genau so, wie meine Freundinnen vorausgesagt hatten. Und du auch. Vielleicht hat mein Radar funktioniert, oder? Habe ich denn wirklich einen?« Shona klang sehr aufgeregt.

»Ja, ich glaube, du hast einen Anflug davon gesehen«, nickte die andere Shona. »Sozusagen zufällig, das ist oft so. Jetzt hör mir genau zu, denn ich gebe dir einen guten Rat. Wenn du bei der nächsten Gelegenheit, wo es ums Vertrauen geht, daran denkst, dass dein Radar immer da ist, dann musst du dich nie mehr fürchten oder dir Sorgen machen oder zweifeln.«

Da war das Wort wieder: Vertrauen. Shona griff es genauso bereitwillig auf, wie sie gelernt hatte, Beeren, Würmer und allerlei Gefahren wahrzunehmen. Und sie hielt daran fest. »Sag mir, andere Shona«, formulierte sie vorsichtig einen Gedanken, der in diesem Moment in ihrem Kopf aufkam. »Heißt das, wenn ich Vertrauen habe, muss ich nie mehr Angst, Zweifel oder Sorgen haben? Muss ich dann nie wieder etwas tun, weil alles von selbst geschieht? Aber …«

Die andere Shona unterbrach sie. »Kein Aber. Es gibt kein Aber, wenn du Vertrauen hast. ›Aber‹ bedeutet Angst, Zweifel und Sorge. Es heißt, dass du dich streng nach der Landkarte richten musst, dass du immer dem Plan folgen musst – deiner Vorstellung, wie die Dinge funktionieren sollen. Lass diese Vorstellungen los, mehr musst du nicht tun. Genieß die Thermik, den Aufwind. Erinnerst du dich, wie leicht das Fliegen wurde, als du dich darauf eingelassen hast?«

»Aber wie soll das gehen?«

»Schon wieder dieses Aber! Ich weiß, es ist schwierig, alte

Gewohnheiten aufzugeben. Es dauert ein bisschen, aber es geht. Das Geheimnis liegt darin, auf das Vertrauen zu vertrauen. Dann beginnt das Abenteuer. Denn darin besteht doch das Abenteuer: Dass du nicht weißt, was als Nächstes passiert. Und ich habe noch einen anderen Gedanken für dich, der dir vermutlich schwerfallen wird.« Die andere Shona hielt inne und lachte leise. »Was auch immer geschieht, ist das Beste, Vollkommenste für dich. Tja! Ich habe gerade gesagt, es wird dir schwerfallen, das anzunehmen, aber erlebt hast du es schon, oder? Du hast nämlich Glück. Du hast dich gerade erst auf den Weg gemacht, und schon erfährst du, wie es geht. Daraus solltest du lernen. Versuch es beim nächsten Mal wieder so, und schau, was passiert.«

Die andere Shona zog lächelnd die Augenbrauen hoch und deutete auf den Eingang neben ihnen. »Wie kannst du das hier in Frage stellen, wenn es doch da ist? Schade, dass es so schnell und einfach ging. Geh rein und sag deinem neuen Zuhause Hallo!«

Sie lachte auf, als Shona sie mit gerunzelter Stirn ansah, ein Bild elender Verwirrung. »Los!«, drängte sie sie ein bisschen. »Geh rein und sieh es dir an.«

Und so zog Shona in ihre neue Wohnung ein. Je mehr sie sich darin einrichtete, desto mehr spürte sie, wie perfekt sie für sie war. Tatsächlich konnte sie sich nicht vorstellen, dass jemand anders darin gelebt haben sollte. Sie liebte es, wie sie ganz genau hineinpasste, und sie liebte das Gefühl, willkommen zu sein, mit dem sie begrüßt wurde, wenn sie von ihren Erkundungsflügen in die große Welt zurückkam. Sie liebte das Nicken der golden und rot gefärbten Blüten vor der Tür, wenn sie sich nach einem geschäftigen Tag hinlegte. Aber am meisten liebte sie es, darin einzuschlafen und den stetigen, beruhigenden Herzschlag zu hören, der – wie sie mit Staunen feststellte – im gleichen Rhythmus schlug wir ihr eigenes Herz. Sie fühlte sich sicher und angenehm, und nachdem sie aufgehört hatte zu fragen, wie das alles hatte passieren können, beglückwünschte sie sich regelmäßig zu der schnellen, einfachen Entdeckung einer so schönen Unterkunft.

Als sie beschlossen hatte zu bleiben, hatte sie sich ihrem neuen Zuhause vorgestellt. Und wie in jeder guten Beziehung hatte sie ihm alles über sich erzählt. In den nächsten Monaten hatte sich allmählich eine Freundschaft entwickelt. Das Zuhause war das erste Du, dem sie von ihrer Vergangenheit erzählt hatte: von ihrem Leben bei Sheila, ihren Freunden Jazz und Rani und ihren Abenteuern mit Mango und Tango. Sie sprach auch über ihre Gefühle und Sorgen. Stundenlang erzählte sie ihrem Zuhause von sich, bis der Raum lebendig wurde, bevölkert von ihren Gedanken und Erinnerungen. Gelegentlich sprach sie von Sinn und Schicksal, aber die andere Shona und deren Anteil an der Reise erwähnte sie nie. Irgendwie war es ihr nicht recht, dieses

Geheimnis zu teilen. Ihr Zuhause hörte sich all ihre Erzählungen an und antwortete ohne Worte. Wie ein alter, vertrauter Freund zeigte es, dass es sich kümmerte, indem es sie noch fester in seiner verständnisvollen Umarmung hielt und mit offenen Armen auf sie wartete, bis sie nach Hause kam.

Die Tage vergingen. Als Shona eingezogen war, hatte die Sonne fast wütend gestrahlt. Sie brannte herunter und versengte alles, was sie berührte. Die Blätter fielen von den Bäumen, schwebten zu Boden, während das Gras unter dem heißen Atem der Sonne verdorrte und braun wurde. Die Blumen schienen verschwunden zu sein, und Shona hatte keine der flatternden Schönheiten mehr gesehen, die den ersten Garten bevölkert hatten. Der Wind schien sich mit der Sonne zu verbünden und wehte den ganzen Tag, wirbelte Staub auf und trug das Feuer der Sonne in Ecken, die es sonst niemals erreicht hätte. Eine schwere Stille lag über dem Garten, nur gelegentlich durch ein klagendes *Ku-uuh! Ku-uuh!* unterbrochen. Ein Laut der Trauer, der zum Himmel aufstieg und die Sonne anzuflehen schien, nicht mehr so heftig zu brennen. Oder war es eine Bitte um Wasser? So klang es jedenfalls für Shona.

Dann, eines Tages, gab der Himmel Antwort und schickte Wasser. Shona hatte noch nie so viel Wasser aus dem Himmel fallen sehen. Als käme es aus dem Nichts. Die durstige Erde saugte alles auf und schien dabei zu seufzen. Die Hitze, die in ihr eingeschlossen war, stieg aus den

Tiefen auf und schwebte davon. Shona liebte den Duft dieses Wassers – oder war es die Erde? Oder beide zusammen? Der Himmel sah grau und drohend aus, aber der Regen war freundlich und weckte den ganzen Garten auf. Die Bäume wiegten sich im Wind, tanzten und schüttelten glücklich ihre Köpfe. Gras, Erde, Vögel und Insekten wurden wieder lebendig.

Shona sah den Wassertropfen zu, die auf den Boden fielen und kleine, fröhliche Kreise bildeten. Sie beobachtete, wie sie an den Drähten um die Wette liefen, die zwischen hohen Pfählen im Garten hingen. Sie sah, wie sie an Blattspitzen hingen und ihr spielerisch zublinzelten, bevor sie hinuntersprangen. Sie fühlte sich, als würde sie tanzen. Und das tat sie dann auch. Sie flog Kreise und Loopings, wie sie es bei Sheila gemacht hatte. Die Stille, die schwer über dem Garten gehangen hatte, explodierte förmlich in einem sorglosen Spiel.

Wenn gerade kein Wasser vom Himmel fiel, schaute die Sonne vorsichtig wieder heraus. Sie wirkte gar nicht mehr wütend. Sanft und versöhnungsbereit schien sie durch die Regentropfen und verwandelte sie in funkelnde Edelsteine. Spielerisch versteckte sie sich hinter den Wolken und schmückte ihre Ränder mit einer Silberkante. Sie nahm die Regentropfen an der Hand und baute eine vielfarbige Brücke über den Himmel. Pfützen waren wie Glasscherben auf dem Boden verteilt. Shona schaute in eine dieser Pfützen hinein. Sie konnte die ganze Welt darin sehen, den Himmel und die Wolken und sich selbst. Bei Nacht sahen auch die Lichter am Himmel heller aus, als wären sie sauber gewaschen worden. Der leuchtende Ball aus Licht, den sie immer so sehr bewunderte, hing ruhig am Himmel und verbreitete ein sanftes, silbriges Leuchten. Wolken zogen behutsam über ihn hinweg, rieben ihre Wange an ihm und glitten weiter. Alles funkelte, es war wie Zauberei.

Shona wusste nicht, wie lange der Regen angedauert hatte, aber das Wasser fiel viele Tage lang vom Himmel. Jeden Tag wurde der Himmel ganz dunkel, und bevor das Wasser kam, konnte Shona es bereits in der Luft riechen. Die Bäume, das Gras, die Vögel und selbst die Luft wurden still wie ein erwartungsvolles Publikum. Dann begann die Vorstellung. Zuerst war es ein sanftes Trommeln, das immer schneller wurde, begleitet von Lichtern und dem Lied des Windes. Manchmal spielte auch der Himmel mit und ließ seine tiefe Stimme donnern und grollen. Eines Tages hatte er Shona damit überrascht.

Sie war weit geflogen, bis an die andere Seite des Gartens und zu ihrem Lieblingshain aus Mangobäumen, als sie den Himmel hörte. Diesmal klang es heftig und gereizt. Der Wind war grob und bewegte die Arme der Bäume ganz unhöflich. Ängstliche Blätter sprangen auf den Boden. Vögel verschwanden in ihre Löcher. Die Wolken grollten, Lichter blitzten, der Himmel riss auf. Das Wasser fiel diesmal nicht sanft oder leicht oder spielerisch wie sonst, sondern in harten Tropfen, die wütend über den Boden und auf alles andere sprangen. Shona sehnte sich nach ihrem sicheren Zuhause, aber als sie versuchte, heimzufliegen, schob der Wind sie grob zurück. Sie wurde zu einem Ast gedrängt, und dort saß sie dann und hielt sich aus Leibeskräften fest, während die Elemente um sie herum wüteten. Der Ast, an dem sie sich festklammerte, schüttelte sich im Wind. Shona hörte, wie etwas abgerissen wurde. Der Himmel brüllte und knisterte. Noch nie in ihrem Leben hatte sie solche Angst gehabt. »Andere Shona!«, rief sie laut. »Andere Shona, Hilfe!«

»Entspann dich«, hörte sie sofort eine Stimme antworten, die sogar das Brüllen und den Lärm des Himmels übertönte. »Entspann dich, das ist nur ein Sturm, der geht vorüber.«

»Wo bist du, andere Shona?«, schrie sie. »Rette mich! Hilfe!«

Aber die andere Shona erschien nicht, wie sie es sonst immer tat, oft bevor Shona überhaupt richtig rief. Nur ihre Stimme war zu hören. »Entspann dich. Es geht vorüber. Hab Vertrauen. Du bist in Sicherheit.«

So schwer es Shona fiel, das zu glauben, sie konnte sich nur festhalten und hoffen, dass die andere Shona die Wahrheit sagte. Und so war es. Allmählich, nach einer Ewigkeit, hörte das Wasser auf, vom Himmel zu fallen. Der Himmel beruhigte sich. Der wütende Wind hatte sich ausgetobt, stöhnte nur noch ein paar Mal und hielt dann still.

Shona merkte, dass ihr Tränen übers Gesicht liefen. Zitternd und unsicher schlug sie mit den Flügeln und flog dann nach Hause. Es war stockfinstere Nacht. Das leuchtende, beruhigende Nachtlicht war nicht zu sehen. Shona kroch in ihr Zuhause, steckte noch immer zitternd den Kopf unter einen Flügel und rollte sich zu einer Kugel zusammen. Sie fühlte sich ganz benommen und sehr allein.

Als sie mit geschlossenen Augen dort lag und ihren lauten, schnellen Herzschlag spürte, war es auf einmal, als würde sie mit einer warmen Decke zugedeckt. Sie hörte eine leise, liebevolle Stimme, die ihr sagte, dass sie in Sicherheit sei. »Alles gut, alles gut«, flüsterte die Stimme sanft. Es war, als würde sie jemand in den Arm nehmen.

»Andere Shona, bist das du?«, schluchzte sie. »Warum bist du nicht gekommen, als ich dich darum gebeten habe?«

Aber sie hörte keine Antwort. Wer auch immer da bei ihr war, hielt sie noch fester und liebevoller. In dieser warmen Umarmung weinte Shona hemmungslos. Die Erfahrung, die sie gerade durchgemacht hatte, lief wie ein Film vor ihr ab. »Du bist in Sicherheit. Alles ist gut«, sagte die Stimme wieder.

»Ich weiß, dass du das bist, andere Shona«, sagte sie zwischen zwei Schluchzern. »Ich weiß, dass du es bist. Ich erkenne dich, auch wenn ich dich nicht sehe. Und jetzt fühle ich mich auch sicher. Aber …«

Da erschien die andere Shona. »Ja, mein Liebes. Du sollst wissen, dass ich immer da bin, auch wenn du mich nicht siehst. Es war wichtig für dich, das zu lernen. Ich bin immer bei dir und werde immer bei dir sein. Du kannst dich auf mich verlassen.«

Shona brach wieder in Tränen aus. Es war noch gar nicht so lange her, da hatte sie die andere Shona für eine Angeberin gehalten, der sie niemals vertrauen würde. Wie sehr sich doch alles verändert hatte! Die andere Shona hatte immer wieder gezeigt, dass sie sie nicht im Stich ließ.

»Und es gibt noch einen anderen Grund, warum ich nicht gekommen bin, Shona«, sagte sie jetzt. »Ich wollte, dass du vertrauen lernst. Dass du weißt, alles wird gut. Alles *ist* gut. Du musst dich auf niemand anderen verlassen.

»Nicht mal auf dich? Jetzt bin ich verwirrt. Bis jetzt hast du mich immer ermuntert, dich um Rat, Hilfe und Anleitung zu bitten.«

»Ich bin ein Teil von dir. Dein innerster Teil. Dein Kern.

Der Teil, der Vertrauen hat. Und das sollst du erkennen. Du kannst dich immer an mich wenden, an deinen Kern.«

Shona und die andere Shona hielten sich eng umschlungen und verschmolzen miteinander. Es war eine Freundschaft, die Shonas Blick auf ihr Leben verändern würde. Sie würde nie mehr dieselbe sein.

»Was auch immer geschieht, Shona, öffne dein Herz. Sorg dafür, dass die Furcht dir nicht das Herz verschließt. Hör nie auf zu leben«, flüsterte die andere Shona, als Shona sich in ihren Armen entspannte.

Sie wachte über Shona, während der Schlaf, der selbstverständliche, unsichtbare Heiler, seinen Zauber an ihr wirkte. Er verwandelte die Schärfe, die Anspannung und die Verletzungen des Tages in sanfte, flüchtige Erinnerungen.

Erst später, viel später erkannte Shona, dass sie nicht nur einen äußeren, sondern auch einen inneren Sturm überlebt hatte.

Sie starrte ihn unverschämt an. Dann drehte er sich um und sah sie an. Shona wollte sich abwenden, aber es gelang ihr nicht. Ihre Blicke trafen sich. Plötzlich war sonst niemand mehr da. Die anderen Vögel, ihr Gezwitscher, die ganze Welt – alles verschwand.

10

Die Morgendämmerung des nächsten Tages betrat den Park auf Seidenpantoffeln. Die ersten Strahlen der aufgehenden Sonne berührten sanft die ganze Welt. Ein verspielter kleiner Sonnenstrahl verirrte sich in Shonas Zuhause und küsste ihr leicht die Augenlider. Als Shona sich streckte und die Augen öffnete, kamen die Erinnerungen an den Abend zuvor mit Macht zurück. Sie schloss die Augen wieder und begrüßte die andere Shona, die lächelnd dastand. Sie sah stolz, erwartungsvoll und geheimnisvoll aus, alles zur gleichen Zeit. Shona war zu sehr in ihren eigenen Gedanken gefangen, als dass sie fragen oder erkennen konnte, warum. Sie war froh, am Leben und in Sicherheit zu sein. Sie sprang auf und schaute vorsichtig aus ihrem Loch. Der Anblick verschlug ihr den Atem. Die schönen gold-roten Blumen, mit denen sie sich angefreundet hatte, die genickt hatten, wenn sie sich hinlegte und morgens als erste zu sehen waren, wenn sie den Tag begrüßte, waren nicht mehr da. Auch der Ast, auf dem sie gesessen hatte, war abgerissen und lag hilflos am Boden. Wo er abgebrochen war, klaffte jetzt eine frische Wunde am Baum.

Eine überwältigende Traurigkeit überkam Shona. Wie

konnte »ihrem« Ast so etwas passiert sein? Er gehörte doch zu ihrem Zuhause. Und er war das Zuhause von so vielen Insekten und anderen Vögeln. Das war nicht gerecht! Sie schaute sich im Park um. Viele andere Bäume lagen entwurzelt da, durcheinandergeworfen von dem wütenden Wind. Kleine Wasserpfützen wie Glasscherben waren auf dem Boden zu sehen. Büsche und andere Pflanzen ließen die Köpfe hängen.

»Das ist nicht gerecht!«, rief sie klagend der anderen Shona zu, die hinter ihr stand und die Szenerie mit ihr betrachtete. »Das ist einfach nicht gerecht. Du hast doch von perfekten Plänen geredet, andere Shona! Kannst du in dieser Zerstörung etwas Richtiges oder gar Perfektes erkennen?« Ihre Stimme klang ganz wütend.

»Es geht hier nicht um gerecht oder ungerecht«, flüsterte die andere Shona, deren Stimme unbewegt von allem zu sein schien, das sie sah. »Es geht auch nicht um richtig oder falsch. Es *ist*, Shona, und du kannst es nur akzeptieren und dich nicht aufregen, wenn du daran denkst. Es ist.«

»Wie kannst du das akzeptieren?«, fragte Shona gereizt. »Hast du denn keine Gefühle? Wie kannst du dazu keine Meinung haben? Da draußen ist so viel Schönheit zerstört worden, und du sagst, es ist eben so, und ich soll mich nicht aufregen. Das klingt unwirklich und unvernünftig. Und grausam, wenn du mich fragst.«

»Es ist das Leben, Liebes«, fuhr die andere Shona fort. »Und es ist sinnlos, es in Frage zu stellen. Die Natur tut das nicht. Schau den Ast an oder die Bäume, die dort liegen. In ein paar Stunden werden die Büsche sich wieder aufrichten, die Blumen werden wieder blühen, und alles wird wieder normal. Tatsächlich ist alles schon wieder normal. Und es ist vollkommen. Die Natur beschwert sich nicht, sie stellt nichts in Frage. Aus diesen Fragen und dem Widerstand entsteht Leid.« Shona hielt kurz inne. »Das heißt aber nicht, dass die Natur nichts tut. O nein, sie repariert, verjüngt, tut, was immer nötig ist, aber ohne Etiketten aufzukleben oder jemandem die Schuld zuzuweisen. Im Übrigen sorgen Stürme dafür, dass totes Holz wegkommt, Shona. So entfernt die Natur die Dinge, deren Zeit abgelaufen ist.«

Shona war ganz still. Gedankenverloren flog sie langsam durch den Garten. Das Leben schien weiterzugehen, als wäre nichts geschehen. Es war ein ganz normaler Tag.

Shona wusste allerdings nicht, dass es für sie ein ganz besonderer Tag sein würde.

Sie flog zum Ende des Gartens in ihre Lieblingsecke, wo der alte Baum mit den herzförmigen Blättern stand. Schon von weitem konnte sie aufgeregtes Geschrei hören. »Ihre Art« bildete die lauteste, freundlichste Gruppe, die sie kannte, und sie flog mitten hinein. Und wen traf sie dort? Ihre Freundinnen Mango und Tango. Sie begrüßten sich lebhaft. Mango und Tango waren wegen irgendetwas sehr aufgeregt, und zwar nicht wegen des Sturms. Shona bemerkte überrascht, dass die anderen über das Drama der vergangenen Nacht nicht einmal sprachen.

»Was gibt's Neues?«, fragte sie jetzt, glücklich, ihre Freundinnen wiederzusehen.

»Ja, das wüsstest du gern, nicht wahr?«, lachte Mango. »Der Wind hat gestern etwas ganz Neues mitgebracht.« Sie kicherte fröhlich.

»O ja!« Tango riss die Augen auf und deutete auf den Nachbarbaum. »Schau mal!«

Shona folgte ihrem Blick. Auf einem Ast des Nachbarbaums saß ein großer, gut aussehender Vogelmann. Er hatte lange Schwanzfedern und trug schicke rote Schulterabzeichen auf einer leuchtend grünen Jacke – die Abzeichen ihrer Art. Um den Hals hatte er einen schönen rosafarbenen Kragen, und auf seiner Wange war ein blaugrauer Fleck zu sehen, der Shona richtiges Herzklopfen bereitete. Er war der schönste Mann, den Shona je gesehen hatte. Sie starrte ihn unverschämt an. Dann drehte er sich um und sah sie an. Shona wollte sich abwenden, aber es gelang ihr nicht. Ihre Blicke trafen sich. Plötzlich war sonst niemand mehr da. Die anderen Vögel, ihr Gezwitscher, die ganze Welt – alles verschwand. Nach ein paar Sekunden, die ihr wie eine Ewigkeit vorkamen, bewegte er sich, und der Bann war gebrochen. Mango lachte, Tango stupste sie an und kicherte. Shona hörte die Geräusche um sie herum wieder. Das Vogelzwitschern, Hundegebell, Autos, Kinder, die irgendwo spielten … Sie war verwirrt. Plötzlich wurde der Lärm wieder leiser und sie hörte, wie Tango sagte: »Na, was hältst du von ihm? Ein tolles Exemplar, oder?« Aber ihre Stimme klang, als käme sie aus weiter Ferne, und Shona wusste ohnehin kaum noch, wie sie sprechen sollte. Ohne zu wissen, was sie da tat, ganz benommen, flog sie heim. Inzwischen zögerte sie nicht mehr, sich an die andere Shona zu wenden, wenn sie einen Gesprächspartner oder einen Rat brauchte. Und es schien, als wartete die andere Shona auch nicht mehr darauf, dass man sie rief.

»Andere Shona!«, platzte sie jetzt heraus. »Mir ist etwas ganz Erstaunliches passiert.« Sie erzählte ihr schnell, was sie erlebt hatte. »Die ganze Welt ist verschwunden«, endete sie atemlos. »Und die Zeit auch, glaube ich. Das war ein sehr seltsames Gefühl, kann ich dir sagen, als gäbe es nur noch uns zwei und sonst nichts.« Sie hielt inne, runzelte unsicher die Stirn und fügte hinzu: »Das war ganz seltsam, denn da waren doch so viele von uns, auch Mango und Tango und …«

Die andere Shona brach in Lachen aus und nahm Shona in den Arm. Jetzt sah sie wieder so aufgeregt, erwartungsvoll und stolz aus wie am Morgen. Als gäbe sie eine Antwort auf eine ungestellte Frage, sagte sie: »Ach, das freut mich zu hören. Auf diesen Moment habe ich gewartet.«

»Was meinst du damit, andere Shona?«, rief Shona aus. »Tu nicht so geheimnisvoll! Das ist echt unheimlich«, sagte sie mehr zu sich selbst als zur anderen Shona. »Wie kann man das Gefühl haben, jemanden so gut zu kennen, wenn man ihn noch nie zuvor gesehen hat? Und überhaupt, wer ist das eigentlich?« Sie sah die andere Shona an, ganz sicher, dass sie die Antwort wusste.

»Nun …«, erwiderte die andere Shona nachdenklich. »Ich weiß nicht, wer er ist, aber ich bin ganz sicher, dass du dazu bestimmt bist, mit ihm Kontakt aufzunehmen. Und ich bin auch sicher, die Gründe werden bald klar.«

»Weißt du etwas, wovon du mir nichts sagen willst?«, fragte Shona und tat, als ob sie schmollte. »Aber was den Kontakt angeht, hast du recht. Das ist sicher wahr.« Sie schwieg.

Wenn sie nur wüsste, dachte die andere Shona, dass genau diese Begegnung der Grund sein könnte – wohlgemerkt: könnte –, warum sie ihr altes Zuhause verlassen hat. So oft sind die Gründe, die wir uns einbilden, nur eine Tarnung für die wahren Gründe: die Verbindungen, die wir eingehen müssen, die Begegnungspunkte zweier Leben, damit geschehen kann, was geschehen muss. Und, dachte sie mit leisem Lächeln, manchmal ist sogar das nur eine Tarnung. »Hui!«, seufzte sie. Wie viele Kräfte hatten zusammenwirken müssen, um dies möglich zu machen. Sie wusste ja besser als jeder andere, wie oft es nicht geschah, wie viel schiefgehen konnte. Die andere Shona seufzte wieder, diesmal ganz zufrieden, und legte sich zur Ruhe.

In dieser Nacht kehrten sich die Rollen um. Die andere Shona schlief tief und fest, zufrieden, dass sie ihr Bestes getan hatte und dass sich der Plan perfekt entwickelte. Shona jedoch wälzte sich herum. Ihr Kopf kam nicht zur Ruhe, ihr Herz war ganz unerklärlich aufgeregt, und sie bekam die Augen nicht zu. Ständig suchte sie die dunkle Nacht nach Antworten auf Fragen ab, die sie nicht in Worte fassen konnte.

Es war eigentlich gar nicht viel passiert. Trotzdem schien Shonas Leben wie auf den Kopf gestellt. Als würde ein neues Kapitel im Buch ihres Lebens aufgeschlagen.

Das Nachtlicht sah heute aus wie eine Spalte von einer Wassermelone, dachte Shona, als sie im Dunkeln lächelte. Plötzlich merkte sie, wie die Wolke aus Rastlosigkeit, unter der sie seit Tagen lebte, von sanfter Zufriedenheit und Entspannung abgelöst wurde.

11

Es war noch dunkel, aber Shona war schon auf und hatte ihr Zuhause verlassen. Sie wiegte sich auf einem Ast draußen und sah die blinzelnden Lichter am Himmel an, die jetzt eins nach dem anderen ausgingen. Dann flog sie zu einer ihrer Lieblingsstellen: der Spitze des hohen Turms. Dort saß sie und schaute auf den Garten hinunter, der im Halbdunkel noch schlief. Es war ganz still. Langsam, während sie beobachtete, wie der Himmel heller wurde, kehrte alles ins Leben zurück, wie Marionetten, deren Fäden jemand aufnimmt. Ein neuer Tag hatte begonnen. Aber heute war es kein Tag wie eine süße Mango, die nur darauf wartete, genossen zu werden. Shona rief sich zur Ordnung, wie sie es oft tat.

»Was ist los mit dir?«, schalt sie sich selbst. »Warum bist du so griesgrämig?«

»Ich bin nicht griesgrämig, ich finde nur keine Ruhe. Und ich verstehe gar nicht, warum. *Das* stört mich.«

»Na ja, du hast auch vorher schon keine Ruhe gefunden. Und jetzt lässt du dich richtig gehen. Du nervst!«

»So fühle ich mich auch.«

»Dann hör auf damit.«

Normalerweise halfen diese Selbstgespräche. Aber heute förderten sie nur noch den ruhelosen, mürrischen Teil in ihr. Ohne an ihr Frühstück zu denken, flog sie heim und legte sich wieder ins Bett.

Die Tage vergingen, verschwammen ineinander. Shona fühlte sich, als hätte sie sich verirrt. Nicht einmal mit der anderen Shona wollte sie sprechen. Auch ihren Freunden fiel es auf.

»Was ist denn los mit dir?«, fragte Tango. »Du bist gar nicht richtig du selbst.«

»Machst du dir über irgendwas Sorgen, Shona?«, fragte Mango und legte liebevoll einen Flügel um sie. »Kann ich dir helfen?«

Shona hatte keine Antwort für sie. Sie wusste ja selbst nicht, wo das Problem lag. Den »Besucher«, der schon die ganze Woche ihr Inneres in Aufruhr brachte, hatte sie auch nicht gesehen. Aber als sie gerade anfing zu glauben, sie hätte ihn sich nur eingebildet, tauchte er wieder auf. In diesem Moment wusste sie, dass sie sich gar nichts eingebildet hatte. Ihr Herz schlug so schnell und laut, dass sie dachte, alle anderen müssten es hören. Sie versteckte ihre Aufregung hinter einer gleichgültigen Miene, schaute weg und tat, als wäre sie sehr beschäftigt damit, ihren Schnabel zu wetzen. Plötzlich jedoch spürte sie eine Bewegung auf dem Ast neben sich. Er war zu ihr gekommen und gleich neben ihr gelandet.

»Hallo!«, sagte er. »Schön, dich wiederzusehen.«

»Oh, hallo«, erwiderte Shona. »Haben wir uns schon mal gesehen?«

»Ich bin Zorro«, sagte er und ignorierte ihre Frage. »Und wie ist dein Name?«

Er hat einen Namen, dachte Shona bei sich. Wie kommt er an einen Namen? Nach ihrem Erlebnis mit Mango und Tango hatte sie niemanden mehr nach seinem Namen gefragt. »Ich bin Shona«, sagte sie und rang um Fassung. Zu gern hätte sie ihn gefragt, wo und wie er einen Namen erhalten hatte, aber sie riss sich zusammen.

»Hast du Lust, ein wenig zu fliegen?«, fragte er als Nächstes. »Ich zeige dir meinen Lieblingsplatz.«

»Das wäre nett«, erwiderte Shona und versuchte immer noch, möglichst desinteressiert auszusehen. Hoffentlich verriet sie ihr lautes Herz nicht!

Sie flogen zu einem alten Mangobaum in einem ruhigen Teil des Gartens. Seine starken Äste und glänzenden Blätter boten ihnen eine perfekte Umgebung. Zorro und Shona ließen sich in einer schattigen Ecke nieder.

»Wie kommt es, dass du einen Namen hast?«, platzte Shona heraus, die sich einfach nicht mehr zurückhalten konnte. »Hat ihn dir jemand gegeben?«

»Ja, so war das«, bestätigte Zorro lächelnd. »Die Familie, bei der ich gelebt habe. Sie haben mich so genannt. Und sie haben mir erzählt, Zorro sei ein sehr gut aussehender, mutiger Mann gewesen. Genau wie ich.« Zorro streckte sich und plusterte sich auf. Shona vermied es, ihn anzustarren, damit er nicht merkte, wie sehr sie ihn bewunderte. Obwohl man es sicher von ihrem Gesicht ablesen konnte. »Aber es ist irgendwie seltsam«, fuhr Zorro fort. »Hier haben die meisten Vögel keinen Namen. Ich vermute, es hat doch etwas mit meiner Vergangenheit zu tun. Und bei dir?«

»Ja, ja, gewiss. So habe ich auch meinen Namen erhalten. Ich bin sehr froh, dass du mich verstehst. Was für ein Zusammentreffen! Wie kommt es, dass du hier bist?« Die Worte purzelten nur so aus ihrem Mund, Shona versuchte gar nicht mehr, ihre Begeisterung zu verbergen.

»Oh, das ist eine lange Geschichte.« Er hielt inne und schien nachzudenken. Dann plötzlich lächelte er und sah sie direkt an. »Oder vielleicht«, fügte er hinzu, »ist sie gar nicht so lang. Tatsächlich ist eher das Gegenteil der Fall, sie ist ganz kurz und einfach. Ich habe einfach beschlossen, in die Freiheit zu fliegen. Die Zeit war gekommen, und ich …«

Shona schnappte nach Luft. Wie ähnlich doch ihre Geschichten waren!

»Was für ein Zusammentreffen!«, wiederholte sie. »Nicht zu glauben.«

»Es gibt keine Zufälle, Shona«, sagte Zorro mit einer Spur Ernst in seiner Stimme. »Oder blinde Fügungen. Alles kommt, wie es kommen muss.« Als er ihre Verwirrung sah, musste er lachen und fügte hinzu: »Übrigens, weißt du, wie mich die Kinder nannten? Inki-dinki. Das klingt doch schön, findest du nicht?«

Shona sprach es nach, und das Wort gefiel ihr sofort. Sie wiederholte es noch ein paar Mal, wie sie es immer zu tun pflegte, und spürte, wie ihre Stimmung leichter wurde. So sehr, dass sie erst später merkte, dass sie noch nie mit jemandem so frei gesprochen und sich dabei so friedlich gefühlt hatte. Nicht einmal mit ihren Freundinnen. Niemals zuvor hatte sie sich sicher und ungehemmt genug gefühlt, um über ihre Vergangenheit zu reden. Zorro und Shona redeten ohne Pause, ihre Geschichten mischten sich und flossen ineinander, und sie nahmen gar nicht wahr, dass die Sonne verschwunden war und dass auch der Garten schlafen gegangen war. Er badete schon in einem silbrigen Licht. Das Nachtlicht sah heute aus wie eine Spalte von einer Wassermelone, dachte Shona, als sie im Dunkeln lächelte. Plötzlich merkte sie, wie die Wolke aus Rastlosigkeit, unter der sie seit Tagen lebte, von sanfter Zufriedenheit und Entspannung abgelöst wurde.

Als sie zurück nach Hause flog, war ihr Herz leicht und voller Freude. Jede Zelle ihres Körpers summte vor lauter Aufregung.

In dieser Nacht konnte sie wieder nicht schlafen. Sie lag wach in ihrer eigenen Traumwelt, wartete, dass es Tag wurde, und versuchte, sich eine Ausrede einfallen zu lassen, die es ihr erlaubte, ihren neuen Freund wiederzusehen. Sie

sollte mit der anderen Shona darüber sprechen, dachte sie kurz, aber dann verwarf sie die Idee. Heute Nacht war sie nicht in der Stimmung, mit ihr zu reden. Sie wollte keine Ratschläge, keine Vorsichtsregeln und auch keine Einsichten. Sie wollte ungestört und ohne Unterbrechung in den Phantasien schwelgen, die ihr Herz spann. Und sie wollte ausnahmsweise einmal nicht auf die fragende Stimme der Vernunft hören.

Das Samenkorn eines tiefen Verständnisses wurde gesät, und während die Zeit dahinflog – und sie flog wirklich dahin –, keimte das Samenkorn und erblühte als Pflanze einer engen Freundschaft.

12

Die nächsten paar Tage – oder waren es Wochen? – vergingen in einem Nebel der Begeisterung. Jetzt waren die Tage wieder wie große, reife Mangos: reif vor Möglichkeiten, voll saftiger Erwartung und vom Aroma einer neuen, wachsenden Anziehung. Alles sah anders aus. Die Blätter waren grüner und leuchtender. Der Himmel sah blauer aus. Die Farben der Blumen wurden voller. Zur Abwechslung fragte Shona einmal nicht, warum das so war. Sie wusste nur, dass all ihre Sinne lebendig waren, dass ihr Herz vor Freude Loopings flog und dass ihr Verstand das alles akzeptierte. Sie wartete nicht, dass die Sonnenstrahlen kamen und sie wachkitzelten, sie wartete schon auf sie, um sie zu begrüßen. Glücklich schaukelte sie auf dem Ast vor ihrem Zuhause und sang ein neues Lied, das ihr jeden Tag wieder unwillkürlich in den Sinn kam. Sie konnte es kaum erwarten, hinauszukommen, zu frühstücken und ihre alltäglichen Arbeiten zu erledigen. Tatsächlich hatte sie nichts anderes vor, als »zufällig« mit Zorro zusammenzutreffen. Wenn das passierte, schlug ihr Herz schneller, während sie rasch und wahrscheinlich vergeblich versuchte, ein Gesicht aufzusetzen, das ihre Freude verbarg. Stunden verbrachten sie zusammen, flogen herum, plauderten und saßen oft nur in einträchtigem Schweigen beieinander. Sie lachten und teilten Geheimnisse, die sie sich noch nicht erzählt hatten. Sie wagten über Dinge zu sprechen, die tief in ihrem Inneren verborgen lagen. Shona erzählte Zorro von ihrem Leben bei Sheila und wie sie dorthin gekommen war. Er erzählte ihr im Gegenzug alles über seine Familie. Sie berichtete ihm von der anderen Shona, die sie bisher noch allen verschwiegen hatte, und er verstand sie vollkommen. Ihre scheinbar zufälligen Treffen wurden zur alltäglichen Gewohnheit. Sie mussten sich nicht mehr verstellen, so sehr wünschten sie sich, zusammen zu sein.

Das Samenkorn eines tiefen Verständnisses wurde gesät, und während die Zeit dahinflog – und sie flog wirklich dahin –, keimte das Samenkorn und erblühte als Pflanze einer engen Freundschaft.

Sie wurde genährt durch ihre tägliche Offenheit und Fürsorglichkeit, sie urteilten nicht und hielten nichts zurück, und so wurde ihre Freundschaft jeden Tag kräftiger und stärker, bis sie irgendwann so stark war wie der alte Baum, den Shona so liebte. Sie schützte sie, und im Schatten ihrer Freundschaft blühten sie selbst bald auf, öffneten sich jeden Tag ein bisschen mehr, legten schichtweise ihre Scheu und Zurückhaltung ab, bis sie es wagen konnten, ganz sie selbst zu sein.

»Ich liebe es, mit dir zusammen zu sein«, sagte Zorro eines Tages und sah Shona mit leuchtenden Augen bewundernd an.

»Und ich liebe dich«, erwiderte sie und staunte selbst über die Worte, die aus ihrem Mund kamen, als hätten sie sich selbst gesprochen.

»Oh, ich liebe dich auch!«, flüsterte er und rückte etwas näher. »Du bist meine beste Freundin.«

»Es klingt vielleicht komisch …«, Shona sah ihn an und suchte nach den richtigen Worten. »Aber kann jemand anders dafür sorgen, dass man sich vollständiger fühlt? Oder zu Hause? So fühle ich mich nämlich mit dir.«

»Ich verstehe, was du meinst, meine Shona. Ich empfinde genau dasselbe«, erwiderte Zorro, legte ihr einen Flügel um die Schultern und zog sie an sich.

So saßen sie schweigend eine ganze Weile da. Shona war noch nie so glücklich und zufrieden gewesen. Sie wünschte sich, dieser Augenblick würde nie vergehen. Er hatte »meine Shona« gesagt! Ihr Herz hüpfte, und in ihrem Kopf summte es. Wie wunderbar das klang! Zu jemandem zu gehören. Das gefiel ihr. Er hatte gesagt, dass er sie liebe. Nicht zu glauben!

Sie rückte auf dem Ast noch näher an ihn heran und schmiegte sich an ihn, während er sie zärtlich im Arm hielt. Er verstand sie immer, ohne dass sie ihm etwas erklären musste. Wenn sie einen Satz anfing, führte er ihn zu Ende. Sie sah ihn an, die Augen feucht vor Dankbarkeit.

»Du bist so schön«, sagte er mit einem Blick in ihre Augen. »Du bist das schönste Mädchen, das ich je gesehen habe.«

Shona spürte, wie ihr die Tränen kamen. Niemand hatte sie jemals so angesehen, und niemand hatte jemals gesagt, sie sei schön. Sie fühlte sich schön und wertvoll, wenn sie das hörte, und ihr Looping fliegendes Herz füllte sich plötzlich mit unerklärlichen Gefühlen, die alle durcheinanderpurzelten und dann über ihre Wangen liefen.

»Ich bin verliebt! Ich bin verliebt!«, rief sie laut, als sie an diesem Abend mit einem langen Umweg nach Hause flog. Jede Blume, jeder Vogel, jede Biene und jeder Baum sollte wissen, dass sie jemanden liebte und geliebt wurde. Sie rief es in den Himmel und hoffte, er habe die Botschaft ebenfalls vernommen.

Als sie an diesem Abend im Bett lag, dachte sie über das Gefühl namens Liebe nach. Natürlich kannte sie es schon länger. Sie hatte Sheila geliebt, auch ihren Freud Jazz und Melonen und Mangos. Sie liebte ihr Zuhause und den Baum, auf dem sie saß. Sie hatte die rot-goldenen Blumen geliebt, die vor ihrem Haus gehangen hatten. Tatsächlich vermisste sie sie immer noch. Sie liebte Mango und Tango. Die andere Shona hatte davon gesprochen, sich selbst zu lieben. Es gab so viele Arten von Liebe in der Welt, aber diese hier fühlte sich anders an.

»Andere Shona? Bist du da?«, fragte sie mit besänftigendem Ton. »Hallo?«

Und die andere Shona erschien wie immer, wenn sie gerufen wurde. »Hallo«, sagte sie ohne irgendeine Art von Tadel. Shona kam sich insgeheim ein wenig dumm vor, weil sie so lange nichts hatte von sich hören lassen, aber die andere Shona wirkte nicht beleidigt. Das ist eine wunderbare Eigenschaft von ihr, dachte Shona bei sich. Sie macht mir nie ein schlechtes Gewissen.

»Ich bin verliebt«, sagte sie ganz einfach. »Das ist eine andere Art von Liebe, als ich sie je zuvor empfunden habe.«

Die andere Shona nickte wissend und lächelte strahlend. »Erzähl mir davon.«

Und Shona schüttete ihr ihr Herz aus. Während sie sprach fühlte sie sich doppelt gesegnet. Die andere Shona war zwar irgendwie eine Selbstverständlichkeit, aber es war ein gutes Gefühl, zwei Freunde zu haben, die sie vollkommen verstanden und bedingungslos liebten.

»Es ist eine besondere Art der Liebe, Shona-Schätzchen«, sagte die andere Shona nach einer Weile mit sanfter, zärtlicher Stimme. »Eine Liebe mit alchemistischer Kraft, ein magischer, rätselhafter Katalysator, der Blei in Gold verwandeln kann. Glücklich die wenigen, deren Leben sie berührt. Oh, Shona, ich bin so froh, dass sie dich gefunden hat!«

Und jetzt, flüsterte die andere Shona im Stillen und atmete tief durch, jetzt möge dir diese besondere Liebe helfen, dich selbst zu finden und du selbst zu sein. Möge sie dich eines Tages zu dem Verständnis führen, dass sie nicht nur ein Gefühl ist, nicht nur etwas, was ihr füreinander empfindet, sondern eine Art zu sein, die zu deinem Kern, deinem Wesen gehört.

Siehst du, Vogel, alles ist ein Kreislauf.
Wie ich dir schon sagte, werde ich bald wieder ein Teil der Erde sein. Und dann werde ich eines Tages sozusagen wiedergeboren. Vielleicht werde ich wieder Teil eines Baumes, vielleicht auch nicht. Ich könnte Teil von allem sein. Das ist ja das Abenteuer.

13

Shona würde diese magische, geheimnisvolle Zeit nie vergessen. Sie hatte zwar nicht so recht verstanden, was die andere Shona meinte, wenn sie von Alchimie und Blei und einem Kat-irgendwas sprach, aber sie wusste eins ganz genau: Sie erlebte eine goldene Zeit, in der sich alle Wünsche verwirklichten, bevor sie sich ihrer selbst ganz bewusst wurde. Das Wetter, der Garten, die ganze Natur spiegelte ihre eigene milde, freigebige Stimmung. Es fiel kein Wasser mehr vom Himmel, und sie hatte schon länger keine verspielten Regentropfen mehr gesehen. Jetzt schien die Sonne wieder hell, aber nicht mehr so heftig. Der Garten leuchtete in Orange-, Rot- und Gelbtönen. An den meisten Tagen wehte ein leiser Wind, spielte mit den Ästen, neckte sie und beugte sich hinunter, um die Blätter zu küssen und zum Tanz aufzufordern. Shona beobachtete, wie die Blätter die Einladung annahmen und sich wirbelnd drehten, während sie zu Boden schwebten, immer dem Wind nach.

Dann, eines Tages geschah etwas, was den ruhigen Rhythmus ihres Lebens vollkommen in Aufruhr brachte. Sie flog gerade zum Mangohain, als sie ein paar von den unhöflichen schwarzen Vögeln sah, die sie Kaan getauft hatte.

Sie pickten wie wild auf etwas ein, das am Boden lag. Als sie näherflog, sah sie, dass es sich um ein Tier handelte. Eine rote Flüssigkeit sickerte aus dem Körper. Es lag still und reglos da. Shona war entsetzt. Irgendetwas war hier absolut nicht richtig. Sie flog los, um Zorro zu suchen.

»Das Tier ist tot«, erklärte er ihr, als sie ihm berichtet hatte, was sie so verstörte. »Deshalb liegt es so still da.«

»Tot?«, wiederholte Shona verständnislos. »Tot?«

»Ja.« Zorro sah sie freundlich an. »Der Tod ist ein Teil des Lebens. Er trifft uns alle irgendwann.«

»Mich auch?« Shona sah ihn verstört an. »Werde ich auch irgendwann wie dieses Tier daliegen, still und reglos, und andere Vögel werden an mir picken?«

Sie konnte sich nicht vorstellen, nicht mehr Teil dieses Gartens zu sein. Sie wollte nicht daran denken, dass ihr perfektes Leben irgendwann enden könnte. Und dann kam ihr ein Gedanke, der sie noch viel mehr ängstigte.

»Wird er dich auch treffen?« Sie starrte Zorro entsetzt an. Sie konnte sich keinen Tag ohne ihren Gefährten vorstellen. Eine hohle Leere erfüllte sie und verdrängte die Freude, die sie in all diesen Monaten empfunden hatte. Die lange vergessene Wolke der Rastlosigkeit senkte sich wieder auf sie herab.

Zum ersten Mal seit der Begegnung mit Zorro suchte sie keinen Trost bei ihm, sondern flog weg, um allein zu sein. Sie war verwirrt und erschüttert. Angesichts des Endes, das sie nun gesehen hatte, schwand ihre Lebensfreude dahin. Ein Gefühl von Sinnlosigkeit überkam sie. Sie schluchzte auf. Plötzlich, ohne dass sie sie gerufen hatte, tauchte die andere Shona auf und nahm sie in die Arme. Shona war froh darüber. Sie verbarg ihren Kopf an der Schulter ihrer Freundin und weinte leise weiter.

»Es ist nicht so traurig, wie es aussieht, Shona.« Die andere Shona streichelte ihr liebevoll den Kopf. »Und es ist auch gar nicht das Ende. Tatsächlich kann ein neuer Anfang darin liegen.« Sie hielt inne, damit Shona das Gesagte verarbeiten konnte.

»Du sprichst immer in Rätseln«, sagte Shona unter Schluchzern. Sie fühlte sich überhaupt nicht beruhigt oder getröstet.

»Schau, ich zeige dir eine bessere Art, es zu verstehen«, sagte die andere Shona mit plötzlich wieder funkelnden Augen. »Hier, dieses Blatt. Frag es doch mal nach dem Tod. Es ist vom Baum gefallen, also ist es tot. Aber ist es das wirklich?« Sie lächelte; offenbar war sie sehr zufrieden mit ihrer Erklärung, und sie schubste Shona von dem Ast, auf dem sie gesessen hatten.

Shona flog auf den Boden und wischte sich dabei die letzten Tränen ab. Eine Weile saß sie still da und sah das Blatt an. Es war geformt wie ein Herz, sie hatte schon viele Blätter dieser Art am Baum gesehen. Aber die waren grün gewesen. Dieses hier war gelb und sah aus wie Papier. Seine

Blattrippen standen heraus, und es war teilweise sogar braun gefärbt.

»Bist du tot, Blatt?«, fragte sie und beugte sich herunter, um sein Flüstern zu hören.

»Bin ich tot?« Das Blatt lachte. »Könnte man so sagen, ja. Ich war einmal jung und frisch und grün. Ich war stark und biegsam. Ich habe schwer gearbeitet, viele starke Stürme und Winde überstanden, Zeiten der Sonne und des Regens. Aber dann spürte ich in meinen Adern, dass ich mich veränderte. Ich war nicht mehr so voller Kraft und Energie. Meine Farbe veränderte sich auch. Und vor ein paar Tagen kam ein kräftiger Windstoß. Ich habe viel stärkere Winde überstanden, aber dieser hier blies mich einfach vom Baum. Und jetzt kann ich nicht zurück auf den Baum oder in mein früheres Leben. Bald werde ich verschrumpeln, ich spüre schon, wie ich mich auflöse. Langsam, aber sicher werde ich verschwinden. Ich werde zu Staub und wieder ein Teil der Erde. Dieses Wissen fließt in meinen Adern.«

»Ein trauriges Ende, wirklich wahr«, sagte Shona freundlich. »Du musst dich doch sehr einsam fühlen, wenn du so ganz allein hier liegst!«

»Einsam?«, wiederholte das Blatt mit seiner heiseren Stimme. Shona hatte das Gefühl, es würde leise lachen. »Nein, einsam habe ich mich noch nie gefühlt. Siehst du, ich war einmal Teil eines winzig kleinen Samenkorns. Vielleicht hast du dieses Samenkorn aufgepickt, Vogel, und irgendwo fallen lassen, wo du dich ausgeruht hast. Die Erde hat es aufgenommen wie eine Mutter, hat es im Arm gehalten und ihm Nahrung gegeben, damit es wachsen konnte. Der Himmel war sein Vater, er hat Wasser geschickt, um seinen Durst zu löschen und damit es keimen konnte. Die Sonne hat es gewärmt, der Mond hat es beruhigt. Die Sterne haben es mit ihrem Funkeln erfreut. Das kleine Samenkorn war dankbar und wollte diese Verbindungen immer bewahren. Verbindungen, die nie durchschnitten werden konnten, reichten von ihm tief in die Erde, die seine Mutter war. Und so wurde aus dem Samenkorn ein Baum. Es hielt auch die unsichtbare Verbindung zum Himmel aufrecht. Seine Hände streckten sich hoch hinauf, immer offen, um seinen Segen zu empfangen. Und ich wuchs auf diesen Armen. Ich sorgte für Nahrung für den Baum, ich bildete einen schützenden Platz für dich. Vielleicht hast du mir am Anfang meiner Reise geholfen, und ich gab dir etwas zurück. Wir sind alle untereinander verbunden. Ich bin aus all den Dingen entstanden, die mich ernährt haben: Sonne, Erde, Regen, Mond, alle Elemente und auch du, Vogel. Auch du bist ein Teil von mir. Und du fragst, ob ich einsam bin?«

»Äh, na gut«, stotterte Shona. In dieser Weise hatte sie nie über die Dinge nachgedacht. Aber etwas störte sie noch.

»Wünschst du dir denn nicht, noch einmal dieses frische grüne Blatt zu sein? Wieder an dem Baum zu hängen, den du kennst, bei deinen Freunden, mit ihnen zu plaudern und zu lachen wie einst? Das war doch sicher eine glückliche Zeit in deinem Leben!«

»Eine andere Zeit, mehr kann ich dazu nicht sagen«, erklärte das Blatt, atmete tief durch und legte sich zufrieden zurück. »Siehst du, Vogel, alles ist ein Kreislauf. Wie ich dir schon sagte, werde ich bald wieder ein Teil der Erde sein. Und dann werde ich eines Tages sozusagen wiedergeboren. Vielleicht werde ich wieder Teil eines Baumes, vielleicht auch nicht. Ich könnte Teil von allem sein. Das ist ja das Abenteuer. Ich gehe eigentlich nirgendwo hin, auch wenn es für dich so aussehen könnte. Ich verändere nur meine Gestalt.« Das Blatt seufzte. »Und jetzt würde ich mich gern ein wenig ausruhen, wenn es dir nichts ausmacht. Das Tanzen und all die Aufregung auf dem Baum hat mich müde gemacht.« Mit einem leisen Zittern flüsterte es: »Leb wohl, Vogel, wir sehen uns bald wieder.«

Und bevor Shona noch den Abschiedsgruß erwidern konnte, war das Blatt fort. Ein Windstoß nahm es mit zu einem neuen Ruheplatz. Aus dem Augenwinkel konnte Shona sehen, dass die andere Shona sie beobachtete. Sie lächelte zufrieden.

»Danke, meine andere Shona!« Sie war froh über den Rat, den die andere Shona ihr gegeben hatte. »Jetzt geht es mir besser. Das Blatt hat mir interessante Dinge erzählt. Ein kluges Blatt, so viel ist sicher. Und du bist auch klug, dass du mich mit ihm zusammengebracht hast. Sag mir, gibt es irgendetwas, was du nicht weißt oder worauf du keine Antwort hast?«

»Genau diese Frage kann ich nicht beantworten«, lachte die andere Shona. »Probier es lieber nicht aus.«

Shona lachte auch. Dann flog sie los, um Zorro zu suchen. Sie hatte zwar oft Albträume, in denen sie die ganze Nacht nach ihm suchte und aus denen sie schweißgebadet und erschöpft erwachte, aber tagsüber funktionierte ihr Radar perfekt und führte sie immer direkt zu ihm. Jetzt saß er auf dem weißen Baum, auf dem er so gern seinen Schnabel wetzte, während sein Baumeister an seinem Haus arbeitete. Gehämmer war zu hören, der Architekt hackte fleißig das Holz weg und baute ein Loch, in dem Zorro wohnen konnte.

Shona flog Zorro in die Arme und schmiegte sich an ihn. Er legte schützend einen Flügel um sie und hielt sie ganz fest. Sie konnte seinen Herzschlag hören, als sie ihn umarmte. In diesem Moment war das stetige, rhythmische Geräusch ein Symbol für Sicherheit, Vollständigkeit, ja, Vollkommenheit. Sie wollte nur eins: sicher sein, dass es immer da sein würde. Die Erklärungen des Blatts hatten durchaus Sinn ergeben, aber Shona hoffte inständig, dass ihr Verständnis für diese Dinge nie auf die Probe gestellt würde.

Still saß sie neben Zorro, Flügel an Flügel, einen Fuß vorsichtig auf seinen gestellt. Sein Zuhause war fast fertig, und sie freute sich darüber. Das Wetter veränderte sich wieder. Der Wind war jetzt kühl, fast kalt, vor allem morgens und abends, und es war sehr gemütlich, wenn sie sich nachts in ihrem bequemen Loch im Baum einkuschelte. Tagsüber war die Sonne ein Trost, Shona hatte fast vergessen, wie heftig und feurig sie noch vor einiger Zeit gebrannt hatte. Jetzt liebte sie den Sonnenschein, wenn sie auf einem Ast oder auf der Rückenlehne einer Bank saß. Die Menschen empfanden es wohl ähnlich, denn sie kamen in Scharen in den Park. Shona mochte sie nicht besonders, sie waren laut, und wenn sie kamen, war der Park nicht mehr so ruhig und friedlich. Die Menschen saßen auf den Rasenflächen und hinterließen Schmutz: Plastik und Essensreste und seltsam riechende Verpackungen.

Durch ihre Anwesenheit begriff sie, was sie von Anfang an gefühlt hatte: Dieser Ort hatte viele Geschichten zu erzählen. Sie konnte sie jetzt hören, während sie still in einem Baum versteckt saß und sich hinunterbeugte, um mitzubekommen, was sie über ihr derzeitiges Zuhause sagten. »Das hier ist der höchste Turm im ganzen Land, ach was, auf der ganzen Welt«, erklärte einer von ihnen einer Gruppe Schulkinder. »Er heißt *Qutub Minar. Minar* bedeutet Turm, und er ist benannt nach dem ersten Menschen, der anfing, ihn zu bauen.«

Shona erzählte Zorro davon, als die Menschen wieder weg waren und sie hinunterflogen, um nach Essen zu suchen und ein wenig aufzuräumen. »Qutab-irgendwas war der erste Baumeister«, erklärte sie. »Aber er ist gestorben.«

Sie musste schlucken, als sie sich an das Gespräch mit dem Blatt erinnerte. Dann fuhr sie fort: »Ein anderer hat seine Arbeit übernommen. Und als der auch starb, machte ein dritter weiter und stellte ihn fertig. Er hat auch die weißen Steine gesetzt, Marmor oder so ähnlich.« Shona war sehr stolz auf ihr Wissen. »Hast du das schon bemerkt, Zorro? Dass die Spitze anders ist als der Rest?« Ohne eine Antwort abzuwarten, redete Shona weiter. Sie kam sich wichtig und klug vor. »Er hat dreihundertsiebenundachtzig Stufen«, rief sie und schlug mit den Flügeln. »Eine Menge Schritte für die Menschen, während wir nur ein paar Minuten brauchen, um bis ganz nach oben zu fliegen.« Sie lachte glücklich und genoss den Moment. »Und das hast du sicher nicht gewusst, Zorro: Hier gab es früher einmal Tempel. Jain-Tempel.« Shona wusste nicht so ganz genau, was Tempel waren, und was Jain waren,

wusste sie schon gar nicht. Aber sie wollte Zorro jetzt nicht danach fragen, sondern fand es schön, selbst etwas zu wissen. »Und überall auf dem Turm stehen Verse aus dem Koran«, plapperte sie nach, was sie gehört hatte. »Nur an einer Stelle steht ein Lob an …« Sie versuchte, sich an den fremden Namen zu erinnern. »Vishwakarma! Durch die Gnade von Vishwakarma.« Sie freute sich, dass ihr die Worte wieder ins Gedächtnis kamen, gerade als sie sie brauchte. »Das steht auf einem der Steine, Zorro, und daran kann man sehen, dass der Turm aus Steinen von uralten Hindutempeln gebaut ist.« Shona drückte stolz die Brust heraus.

Zorro sah sie nachsichtig an und ließ ihr den Spaß. »Höchst faszinierend«, fügte er nachdenklich hinzu. »Und wie klug du bist, dass du dir das alle gemerkt hast!«

Als ihre Freunde sich nach dem Abendessen schlafen gelegt hatten und die Nachtlichter am Himmel erschienen, saßen Shona und Zorro noch ein wenig im Mangobaum und genossen ein abendliches Gespräch. Zorro kam auf ein früheres Thema zurück. »Weißt du was, Shona, wir Papageien sind auch ziemlich berühmt. Wir haben auch eine Geschichte, heißt es.« Er lachte leise im Dunkeln. »Hast du schon mal von unserem Artgenossen gehört, der ein Geschichtenerzähler war? Der seiner Herrin das Leben gerettet hat?«

Shona schüttelte den Kopf. Da erzählte ihr Zorro eine faszinierende Geschichte von einem reisenden Kaufmann, der seinen Papagei zu Hause ließ, damit er seine Frau »bewachte«. Die Frau jedoch hatte ihre eigenen Pläne für die Zeit, in der ihr Mann fort war: Sie wollte ihren Liebhaber treffen. Als sie sich eines Abends fertig machte, um auszugehen, kam ihr treuer, unglaublich intelligenter Papagei dazu. Er bot ihr an, eine Geschichte zu erzählen. Und diese Geschichte war so fesselnd, dass sie gar nicht zu ihrer Verabredung ging. Genauso geschah es am nächsten Tag und am übernächsten, insgesamt siebzig Tage lang, bis der Ehemann wieder nach Hause kam. So hatte der heldenhafte Papagei die Ehe seines Herrn und die Ehre seiner Herrin gerettet.«

»Fantastisch!« Shona klatschte schon Applaus, bevor Zorro fertig war. »Ein Papagei, auf den wir stolz sein dürfen.«

»O ja, und es gibt noch mehr solche Helden.« Zorro freute sich über Shonas Reaktion. Er fand ihre Unbefangenheit und Begeisterung ganz allerliebst und hoffte, sie werde sie nie verlieren. »Weißt du, Shona, wir werden sogar in heiligen Büchern der Buddhisten erwähnt. Künstler aller Zeiten und aus allen Gegenden der Welt haben uns gemalt, und sie tun das schon seit Tausenden von Jahren. Wir sind auf einer Flagge zu sehen, und in einem Land sind wir sogar Nationalvögel. Ein Nationalvogel ist der wichtigste Vogel des Landes. Es gab da einen Mann, der hieß Christoph Kolumbus. Er hat ein Land entdeckt, das Amerika heißt. Und was glaubst du, was er der spanischen Königin von dort mitgebracht hat? Unsere Vorfahren, ein Papageienpärchen. Unsere Art wird Alexandersittich genannt. Den Namen haben wir von einem Mann, der Alexander hieß. Alexander der Große. Er kam hierher, nach Indien, und nahm ebenfalls Vorfahren von uns mit, als er in sein Heimatland zurückkehrte.«

Shona sah ihn fasziniert und mit leuchtenden Augen an. Teils, weil seine Erzählungen so fesselnd waren, teils weil sie ihn für sein großes Wissen bewunderte. Sie war richtig stolz auf »ihren Mann«. »Woher weißt du das alles?«, fragte sie und hüpfte aufgeregt hin und her. »Du bist einfach unglaublich!«

»Oh, das habe ich alles von meiner Familie gehört, Shona«, erwiderte er bescheiden und sachlich. »Sie waren sehr stolz auf uns Tiere. Wir waren ziemlich viele. Zwei Hunde, Kaninchen und eine Schildkröte. Und sie haben ihren Besuchern alles Mögliche über uns erzählt. Wie oft habe ich diese Geschichten gehört!«

Plötzlich musste Shona an Rani denken. Wie sehr wünschte sie sich, sie hätte all das gewusst, als die Katze sie und Jazz mit den Geschichten über ihre Vorfahren unterhalten hatte. Dann hätte sie Rani auch etwas erzählen können.

»Und dann haben wir ja viele besondere Eigenschaften«, fuhr Zorro fort. »Wir können Rätsel lösen und Menschen nachahmen, und wir haben … nun, Intuition. Die Menschen glauben, dass wir vorhersagen können, was passiert.«

»Was ist Intuition?«, unterbrach ihn Shona. Sie staunte über die entspannte Art, mit der sie ihm Fragen stellen konnte, ohne Angst zu haben, er würde sie verurteilen oder für dumm halten. Bei ihm musste sie nie so tun, als wäre sie besonders klug.

»Intuition hat etwas mit In-tuition zu tun. Es ist eine Klugheit, die von innen kommt. Mit Logik und Nachdenken hat sie nichts zu tun, sie kommt aus einem tieferen Wissen.«

»Hmmm, so wie ein Radar?« Da war das Wort wieder, dachte Shona bei sich.

»Ja, so ähnlich. Es ist ein Gefühl für die Richtigkeit von Dingen, die sind oder sein werden. Oft wissen wir auch, was man tun sollte. Es ist eine echte Gabe, die wir da haben.«

Shona atmete tief durch, und ihre Brust weitete sich vor Stolz. Sie fühlte sich wichtig und besonders. Dann schnäbelte sie ein bisschen mit Zorro, und sie schauten sich tief in die Augen, sodass sie sich noch wichtiger und besonderer vorkam.

Zorro zog in sein neues Zuhause ein, gerade als es kalt wurde. Jeden Morgen schien es, als wären die Wolken auf die Erde heruntergesunken und würden alles bedecken. Wenn Shona in der Frühe aus ihrem Loch spähte, konnte sie oft nicht einmal den nächsten Baum erkennen. Wenn dann die Sonne in den Garten kam, zog sie die weiße Decke langsam weg, wischte die glitzernde graue Schicht vom

Gras, von den Blättern und vom Erdboden und weckte den Garten leise auf.

Alles sah jetzt anders aus. Viele Bäume hatten fast keine Blätter mehr. Sie standen da mit bloßen Armen und sahen nackt und einsam aus. Aber auf dem Boden wuchsen noch Blumen.

Shona liebte es, über die Farbflecken im Garten zu fliegen: leuchtendes Rosa, strahlendes Goldgelb, lebhaftes Rot und ihre Lieblingsblumen: schüchterne Blüten mit lilafarbenen und gelben Gesichtern, mit denen sie gern sprach, wenn es möglich war. Der Wind berührte alles mit seinen kalten Fingern. Jetzt suchte man die Sonne geradezu und schaute dankbar zu ihr auf.

Noch mehr Menschen kamen in den Park. Sie waren dick eingemummelt, hatten sogar Köpfe und Hände bedeckt. Aber sie waren genauso laut wie früher. Für die Bäume, die Vögel, die Insekten und alle anderen Tiere war es eine ruhige Zeit, eine Ruhezeit, in der sie sich nach innen und ins Schweigen zurückziehen konnten.

Alles sah frisch aus und fühlte sich auch so an. In der Luft lag eine Aufregung, eine unerklärliche Spannung. Es war eine Zeit des Neubeginns und der Schöpfung. Und sie war ansteckend.

14

Dann eines Tages kamen die Knospen und Lieder und beendeten das Schweigen. Shona hatte es schon gespürt, ebenso wie die Bäume, die Erde, die Tiere und Insekten. Der Herzschlag wurde wieder schneller, eine Erwartung lag in der Luft, es war wie ein Erwachen nach einer langen, ruhigen Nacht.

Allmählich verlor der Wind seinen Biss, man musste sich nicht mehr vor ihm schützen. Er wurde wärmer und freundlicher, und alle kamen aus ihren Verstecken. Frische hellgrüne Blätter rollten sich auseinander. Glänzend und zerbrechlich, glitzernd neu tanzten sie an den Zweigen der Bäume und begrüßten die neue Welt, in die sie hineingeboren waren. Die Zweige sahen wieder stolz und voll aus, nicht mehr so einsam und nackt. Auch andere Pflanzen schauten neugierig heraus und schoben die Decke aus Erde weg, unter der sie eingekuschelt gelegen hatten.

Alles sah frisch aus und fühlte sich auch so an. In der Luft lag eine Aufregung, eine unerklärliche Spannung. Es war eine Zeit des Neubeginns und der Schöpfung. Und sie war ansteckend. Auch Zorro schien es zu spüren. Als Shona ihn an einem milden Morgen aufsuchte, tanzte er für sie! Er sprang auf seinem Ast hin und her und schaute sie von der Seite an. Shona sah ihm wie gebannt zu. Nie zuvor hatte sie ihn so verspielt und aufgeregt erlebt. Ihr Herz schlug schneller, als würde eine ganz neue Spannung sie durchlaufen. Sie sah ihren besten Freund mit liebevollem Blick an. Dann flog sie zu ihm und umarmte ihn. Ihre Schnäbel fanden zueinander. Sie drückten sich eng aneinander, ihre Sinne waren aufmerksam wie nie, jede Zelle lebendig und pulsierend vor Freude. Shona verlor sich selbst bei der Vereinigung mit ihrem Gefährten Zorro.

In diesen wenigen Augenblicken veränderte sich etwas in ihrem Inneren. Und auch im Äußeren. Die beiden wurden noch unzertrennlicher. Keinen Moment konnten sie ohne den anderen sein. Shona zog in Zorros Zuhause, in das sie beide bequem hineinpassten, wenn sie sich nachts zum Schlafen zusammenkuschelten.

Shona war glücklicher als je zuvor in ihrem Leben. Aber gleichzeitig stieg in ihr ein fremder Drang auf, den sie gar nicht verstehen konnte. Eines Tages ging sie los, um ihr Zuhause noch gemütlicher und bequemer zu machen. Sie fand weiche Blätter, Papier und ein paar Dinge, die die Menschen hinterlassen hatten und mit denen man das Zuhause auspolstern konnte. Geschäftig flog sie den ganzen Morgen auf und nieder und brachte mit, was sie fand. Endlich war sie zufrieden, aber auch müde. Mitten am Tag schlief sie ein. Nie zuvor war sie so müde gewesen oder hatte sich ausruhen müssen, sie fühlte sich so schwer! Zorro bemerkte es, aber wie es seine Art war, sagte er nichts, sondern achtete nur darauf, in ihrer Nähe zu sein. Oft beugte er sich über sie und pickte sanft ihren Kopf oder streichelte sie mit seinem Flügel. In ihr brauste eine Erwartung auf, eine seltsame Ruhelosigkeit ähnlich wie damals, als sie diese flüchtigen Träume gehabt hatte. Und auch diesmal wusste sie, etwas würde passieren. Sie wusste nur noch nicht, was.

Eines Tages, als sie still zu Hause saß und keine Lust hatte, hinauszugehen oder irgendjemanden zu treffen, spürte sie ein fremdes Drängen in sich. Sie saß da, alle Sinne nach innen gekehrt, und spürte, wie ihr Körper sich anspannte und schob und sich dann plötzlich wieder entspannte. Als der Druck nachließ seufzte sie erleichtert auf. Sie saß ganz still und nach vorn gebeugt, und auf ihrer Stirn bildeten sich Schweißtropfen. Zorro kam zu ihr, legte seinen Flügel um sie und hielt sie fest. Sie spürte, dass sich auch die andere Shona in ihrer Nähe befand, aber so dankbar sie für die Unterstützung war, im Moment fühlte sie sich zu müde, um einen von ihnen anzusprechen. Sie schloss die Augen und ließ sich von Erleichterung und Erschöpfung überschwemmen.

Als sie wieder wach wurde, wusste sie nicht, wie lange sie geschlafen hatte. Zorro und die andere Shona wachten liebevoll bei ihr. Sie stand auf und spürte, dass es ihr so gut ging wie schon lange nicht mehr. Und als sie sich erhob, schauten die andere Shona und Zorro voller Stolz auf das, was dort lag: zwei runde weiße Eier, strahlend und vollkommen! Zorros Augen wurden feucht, und auch die andere Shona konnte kaum an sich halten vor Freude. Shona würde bald Mutter sein!

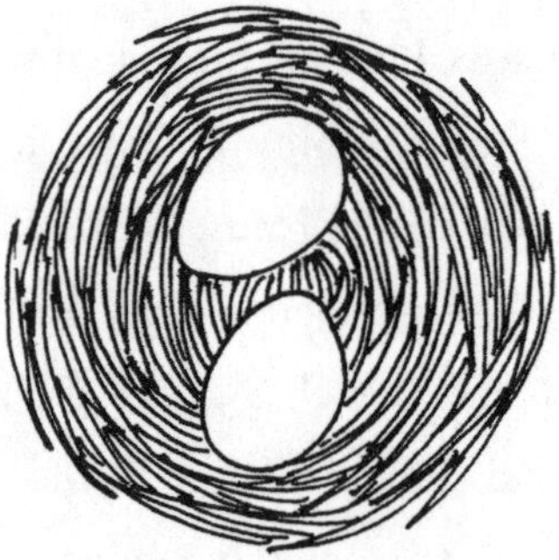

»Das ist der größte Augenblick in meinem Leben, Shona«, sagte Zorro und umarmte sie. »Du machst mich so glücklich! Bald werden wir Kinder haben, Shona!«

»Meinen Glückwunsch, Liebes!«, sagte die andere Shona. »Damit beginnt wieder ein neues Kapitel in deinem Lebensbuch.«

Plötzlich war Shona ganz aufgeregt, denn ihr wurde allmählich klar, was geschehen war. Sie brach in Tränen aus. Es waren Tränen des Stolzes, der Freude und des Staunens. Ihr ganzes kleines Zuhause hallte wider von Fröhlichkeit und Liebe.

Dieses Ereignis veränderte Shona und ihr Leben von Grund auf. Sie wollte nicht mehr rausgehen, sondern schien nur noch ein Interesse zu haben: zu Hause zu sitzen und die Eier warm zu halten und zu beschützen. Manchmal schob Zorro sie weg; dann flog sie zögernd hinaus, um eine Pause zu machen und ein Weilchen in der warmen Sonne zu sitzen. Aber es dauerte nicht lange, dann kam sie zurück, denn eigentlich war sie nur dann zufrieden, wenn sie zu Hause sein konnte und tat, was ihr wirklich wichtig war. Zorro brachte ihr Essen und saß auf dem Ast vor ihrem Zuhause. Er wachte voller Liebe über sie. Die Tage vergingen, und Shona fragte sich manchmal, was wohl passiert war, dass sie sich so verändert hatte. Sie war doch immer ein sehr sorgloser, nach außen gerichteter Vogel gewesen.

»Die Natur ist weise«, erklärte die andere Shona ihr, als sie sie eines Tages darauf ansprach. »Dein Körper weiß, was du wirklich brauchst. Wenn wir immer auf ihn hören würden, dann würden wir nie etwas falsch machen. Jetzt ist es Zeit für ein ruhiges Leben, Shona. Du brauchst deine Kraft für das, was vor dir liegt. Denn bald hast du Kinder, bald sind die Kleinen da, die du ernähren musst und denen du helfen sollst, groß zu werden. Du kümmerst dich ja jetzt schon um sie. Ist es nicht erstaunlich, dass wir immer ganz genau wissen, was wir tun müssen? Und noch erstaunlicher ist doch, dass wir unsere Jungen schon spüren, bevor wir sie sehen. So mütterlich kümmert sich Mutter Natur um uns.«

»Ach, so ist das?« Shonas Augen leuchteten auf. »Das klingt sehr sinnvoll. Kein Wunder, dass mich die Dinge nicht interessieren, die mich früher so sehr fasziniert haben. Ich brauche nicht einmal Essen oder Treffen mit meinen Freundinnen oder …« Sie verstummte nachdenklich, und die andere Shona entfernte sich diskret.

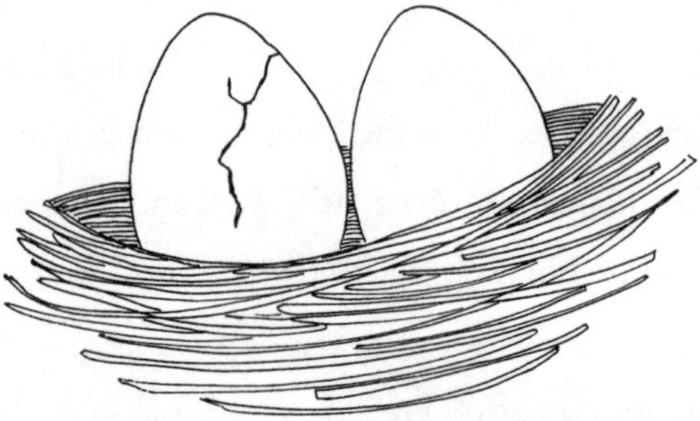

Viele Tage vergingen. Dann kam der Tag, auf den sie alle so sehnsüchtig gewartet hatten. Sie wussten es schon, als sie am Morgen erwachten. Eine Aufregung lag in der Luft, ein unleugbares Gefühl von Erwartung. Mitten am Tag spürte Shona plötzlich, dass sich unter ihr etwas bewegte, während sie in ihrer inzwischen vertrauten Stellung auf den Eiern saß. Sie rückte zur Seite, um nachzusehen. Und als sie gemeinsam mit Zorro die Eier betrachtete, sein Hals sanft auf ihrem Kopf, da sahen sie, wie das eine Ei aufsprang und ein kleines Geschöpf langsam herauskam. Es war nackt und zerbrechlich, sperrte den Schnabel auf und hatte die Augen noch geschlossen. Und es sah aus, als suchte es nach etwas. Suchte es etwa seine Mutter?

Shona war sprachlos. Ihr kamen die Tränen. Das hier war *ihr* Kind. Zorros und ihr Kind. Eine überwältigende Liebe und ein großer Wunsch, dieses Kind zu beschützen, erfüllte ihr Herz. Sie wollte dieses verletzliche Kleine im Arm halten und umsorgen. Sie wollte es vor allem Schaden bewahren. Sie wollte die beste Mutter sein, die sie sein konnte. Sie wollte, dass ihr Kind ein schönes Leben hatte.

»Chozoo!«, gurrte sie und gab ihrem Erstgeborenen einen Namen aus den ersten zärtlichen Worten, die ihr einfielen. »Chozoo, wie schön du bist! Was für ein Wunder an Vollkommenheit ...«

»Und ich? Und ich?« Sie schaute auf das zweite Ei. So fasziniert war sie von dem ersten Ei gewesen, dass sie gar nicht bemerkt hatte, wie das zweite Kind die Eierschale aufklopfte und zur Welt kam. »Und ich?«, rief der Kleine. »Schau mich an!«

»Aber natürlich! Du bist so schön! So vollkommen, mein Liebling. Und wir werden dich nach den ersten Worten nennen, die du selbst gesagt hast. Undich. Undich, mein Süßer. Willkommen, Undich, willkommen.«

Shona wandte sich Zorro zu und wollte ihn umarmen, aber er war schon hinausgegangen. Er saß draußen auf dem Ast, und sie konnte sehen, dass ihm die Tränen übers Gesicht liefen. Dann flog er los. Der Vater hatte sich auf den Weg gemacht, um Futter für seine neue, größere Familie zu finden.

Das Ich schaut nur auf mich und meine Geschichte, mein Glück. Und das alles ist abhängig davon, dass ich meinen Willen bekomme. Das Wir schaut auf das größere Bild, darauf, dass alle glücklich sein können und dass überall Friede herrscht. Tatsächlich geht es darum, Verbundenheit über Trennung zu stellen.

15

Für die frischgebackenen Eltern war es eine geschäftige Zeit. Ihre Kinder hatten immer Hunger. Entweder schliefen sie, oder sie piepsten nach Futter. Ihre Augen waren noch geschlossen. Shona und Zorro flogen ständig herum und suchten Essen für ihre Jungen. Vorbei die Tage, an denen sie planlos herumgeflogen waren, nur um einen bequemen Ast zu finden, etwas zu plaudern und Zeit miteinander zu verbringen. Vorbei auch die Tage, an denen sie sich mit Freunden getroffen und gemeinsam eine Lieblingsecke aufgesucht hatten, um sich an Nüssen und Beeren gütlich zu tun. Vorbei die Tage, an denen sie faul auf der Rückenlehne einer Parkbank gesessen hatten, um die Menschen zu beobachten. Nicht einmal mehr zum Tratschen über die Menschen hatten sie jetzt Zeit. Die faulen Tage schienen weit entfernt wie ein alter Traum.

Shonas und Zorros Leben war jetzt von den Bedürfnissen ihrer Jungen bestimmt. Sie hatten keine Minute Ruhe, konnten nie für sich sein. Aber sie hatten auch noch nie eine Zeit erlebt, die so voller Überraschungen und Aufregung gewesen war.

»Schau doch nur, Zorro, Chozoo hat ihre erste Feder bekommen!«, rief Shona eines Tages ganz begeistert. Beide Eltern schauten ihr Erstgeborenes voller Stolz an.

»Aber jetzt sieh dir Undich an!«, rief Zorro an einem anderen Tag. »Hat er nicht ein wunderbares Lächeln? Er ist ein kleiner Charmeur, das ist klar.«

Wie alle jungen Eltern wurden die beiden nicht müde, ihre Kinder anzusehen, jeden Zug zu diskutieren und schließlich zu erklären, es handele sich mit Sicherheit um die beiden schönsten Exemplare ihrer Art. Sie waren vollkommen und besaßen Eigenschaften, die andere Kinder niemals haben würden.

»Undich ist so intelligent«, sagte Shona immer wieder voller Stolz. »Schau doch nur, er weiß sogar mit geschlossenen Augen, dass du ihm etwas zu essen mitgebracht hast. Und schon macht er den Schnabel auf.«

»Und du mein Liebster«, sagte Zorro mit einem nachsichtigen Blick auf Chozoo. »Du bist auch ein ganz Kluger. Ich habe gesehen, wie du gestern versucht hast, die Nuss zu knacken. Bald wirst du es schaffen.«

Die Wochen flogen nur so dahin, und die Jungen wuchsen schnell. Bald hatten sie Federn und waren so gekleidet, dass sie sich nach draußen wagen konnten. Shona erinnerte sich an ihre ersten Flugversuche. Sheila hatte damals geduldig beobachtet, wie sie ihre Flügel ausprobierte, flatterte und stolperte und dann auf den Boden krachte, bevor sie lernte, wie man richtig fliegt und mühelos schwebt. Jetzt sah sie ihren Jungen zu. Sie hätte ihnen zu gern die Schmerzen und Demütigungen erspart, die sie selbst erlebt hatte, aber sie wusste, sie mussten es alleine lernen. Und so konnte sie nur daneben stehen und geduldig zusehen, bis sie es in ihrem eigenen Tempo begriffen. Auch wenn sie die Bruchlandung kommen sah, konnte sie wenig tun. Sie konnte nur zu ihnen fliegen und sie trösten, wenn sie ungeschickt herumflatterten und schließlich abstürzten. Aber bald, viel schneller, als sie es für möglich gehalten hatte, entdeckten sie ihre Flügel. Und damit stand ihnen die ganze Welt offen.

Von diesem Moment an saßen sie nicht mehr still. Sie flogen draußen herum und erforschten den Park vom frühen Morgen bis zum Einbruch der Nacht. Ihr Zuhause war voller Aufregung, wenn sie zurückkamen und berichteten, was sie alles gesehen, geschmeckt und erlebt hatten. So saßen die vier oft noch auf dem Ast vor ihrem Zuhause zusammen, wenn der übrige Garten schlief. Dann schauten sie in den tintenblauen Himmel mit den Unmengen von winzigen, funkelnden Lichtern. Eines Nachts, als sie dort saßen, kam Shona plötzlich ein Gedicht in den Sinn, das Sheila immer ihren Kindern vorgesprochen hatte. Jetzt sang sie es ihren eigenen Jungen vor.

Sternchen, Sternchen, so weit fort, zwitscherte sie.
Gehst am Tag an einen andern Ort.
Sag mir, warum blinzelst du?

Gehst des Nachts niemals zur Ruh?
Warum ist so fern dein Licht?
Hör ich deine Antwort nicht.

Ihre Kinder liebten das Gedicht und wollten es auswendig lernen. Zorro sah Shona stolz an, und sie wunderte sich selbst, wie die Dinge von der Vergangenheit an die Zukunft weitergegeben wurden. Plötzlich spürte sie den Wunsch, Sheila zu treffen und ihr ihre Familie zu zeigen. Vielleicht würde sie das eines Tages tun. Schweigend dachte sie an jenes andere Leben, das ihr jetzt so weit weg vorkam.

»Shona Mona, Shama Mama!«, unterbrach Undich ihre Tagträumerei, pickte nach ihrer Wange und versuchte sie zu umarmen. Dabei verlor er das Gleichgewicht und fiel vom Ast. Er liebte Reime, und die ganze Familie amüsierte sich über seine Wortschöpfungen.

Die Kinder waren so verschieden, dachte Shona. Sie hatte mit Zorro schon oft darüber gesprochen. Undich war verspielt, ein echter Spaßvogel und sehr klug. Chozoo war ernster, stiller und beobachtete genau. Undich stürzte sich auf alles, ohne Angst vor dem Scheitern oder einem Absturz. Chozoo dagegen schaute sich alles genau an, wartete ab und schaute, wohin sie sprang. Sie hatte die Gabe der Intuition, den Radar, und Shona bemerkte, dass sie diese Gabe jetzt schon benutzte. Wenn sie im Zweifel war, wurde sie still, flog weg, um allein zu sein, und kam mit neuer Entschlossenheit zurück. Shona sagte sich, sie müsse sie weiter dazu ermutigen, auf ihre innere Stimme zu hören. Die beiden Kinder waren gute Freunde, obwohl sie oft verschiedener Meinung waren, stritten und schmollten.

Eines Tages gab es einen richtigen Streit. Es ging schon eine ganze Weile hin und her, aber dann wurden sie richtig böse. Sie gingen aufeinander los, schlugen mit den Flügeln und hackten auf den anderen ein, dass die Federn flogen. Als sie heimkamen, waren beide so wütend und voller Groll, dass sie eine richtige Wolke in ihr kleines Zuhause mitbrachten. Sie weigerten sich, miteinander zu sprechen oder sich auch nur anzusehen. Zorros Aufforderung, den Streit zu vergessen und sich zu versöhnen, beantworteten sie nur mit einem zornigen Blick.

»Nur, wenn sie sich entschuldigt«, brummelte Undich empört und schaute seinem Vater nicht in die Augen. »Sie ist schuld. Sie muss den ersten Schritt tun.«

»Gar nicht wahr! Du hast angefangen, und außerdem hast du gesagt, ich hätte ein Spatzenhirn. Spatzenhirn! Wie kannst du so was sagen?«, krächzte Chozoo heiser. »So was tut doch weh! Das ist eine echte Beleidigung. Und gerecht ist es auch nicht.« Chozoo schluckte und starrte ihren Bruder mit glänzenden Augen an. Man konnte genau sehen, dass sie nur mit Mühe die Tränen zurückhielt. Dann sah sie ihren Vater flehend an, als erwartete sie, dass er ihre Partei ergriff. Aber Zorro tat nichts dergleichen. Er lächelte seine beiden Kinder an, da er wusste, sie lernten gerade eine wichtige Lektion. Und dann flog er los, um etwas zu essen zu besorgen.

Undich zog Chozoo eine Grimasse und flog ebenfalls los.

Als Chozoo mit Shona allein war, ließ sie die Tränen fließen. »Du bist verletzt«, sagte Shona zu ihrer Ältesten. »Das verstehe ich. Und jetzt siehst und spürst du gar nichts anderes mehr, nicht wahr? Was passiert ist, kreist die ganze Zeit in deinem Kopf. Dieselbe Geschichte, die ganze Zeit. Dieselben Worte, immer wieder.«

Chozoo nickte schweigend. Ihre Mutter verstand sie wenigstens.

»Dann lass dir von mir etwas sagen, was ich vor langer Zeit gelernt habe. Es wird dir auch nützen, da bin ich sicher. Komm, wir spielen ein kleines Spiel.«

Chozoo sah ihre Mutter grantig und mit halb geschlossenen Augen an. Sie wusste nicht so recht, ob sie jetzt spielen wollte, ob sie überhaupt aus dem dunklen Loch herauswollte, in dem sie gerade ganz gerne saß. Aber Shona ließ sich nicht beirren.

»Komm«, sagte sie freundlich. »Ich sage dir ja gar nicht, dass du deine Verletztheit und deinen Ärger vergessen sollst. Tatsächlich möchte ich, dass du mir mehr darüber erzählst. Also los, mein Liebling: Kannst du dieses Ding, das sich Verletztheit nennt, sehen? Schau es dir genau an und sag mir, welche Farbe hat es?«

Wider Willen war Chozoo von dieser Frage fasziniert. Es schien doch eine ganz interessante Übung zu sein, die ihre Mutter da vorschlug. »Die Farbe?«, überlegte sie. »Ein grünliches Gelb, Mama, mit eine roten Punkt in der Mitte. Seltsam …«

»Hmm«, machte Shona sanft. »Und wie sieht das Ding aus?«

»Wie es aussieht?« Ohne dass Chozoo es merkte, musste sie ein wenig lächeln. Das Spiel gefiel ihr. »Es ist rund und weich und traurig, Mama«, sagte sie. »Und wenn ich es anschaue, verändert es seine Form. Es wird zu einem großen, dicken Wurm.« Sie schloss die Augen, und Shona lächelte zufrieden.

»Ja?«, drängte sie ein wenig weiter.

»Ein gieriger Wurm, der ständig größer wird. Halt ihn auf, Mama!«

»Aber warum, Chozoo?«

»Weil er meine ganze Kraft auffrisst, Mama!« Chozoo riss die Augen auf und schaute ihre Mutter entsetzt an. »Was war das denn?«, fragte sie mit ängstlichem Blick.

»Du hast gerade etwas sehr Wichtiges begriffen, mein Schatz«, sagte Shona und sah ihre Tochter voller Stolz an. »So ist es, wenn wir uns verletzt fühlen. Das Gefühl frisst unsere Kraft und wird zu einem gierigen Wurm, der sich nie zufrieden gibt. Und irgendwann fühlen wir uns ganz erschöpft und ausgelaugt. Und jetzt sag mir, wie sieht Sorge aus?«

»Sorge? Sorge ist meine Freundin, Mama. Sie ist grau und beruhigend. Ich habe sie gern in meiner Nähe. Sie erinnert mich an Dinge, die ich tun muss, Orte, die ich besuchen muss. Ohne sie würde ich wohl gar nichts schaffen.«

»Das ist nur eine Angewohnheit, mein Kleines. Die Sorge war lange Zeit auch meine Freundin, aber ich habe sie losgelassen. Das habe ich von deinem Vater gelernt, weißt du. Schau ihn dir mal an, dann siehst du, dass man viel klarer denken kann, wenn sie nicht in der Nähe lauert. Denn auch sie raubt dir deine Kraft, mein Schatz.«

Chozoo schwieg.

»Was denkst du über den Ärger?«, holte Shona ihre Tochter aus ihren Gedanken. Sie wusste, ihr Kind neigte zu Zornesausbrüchen, die sie von innen fast versengten.

Chozoo dachte wieder nach, dann platzte sie heraus: »Er ist schwarz und groß und laut. Wie eine dunkle Wolke. Er will nach allem schlagen. Er ist anders als die Verletztheit«, murmelte sie vor sich hin. »Aber ich glaube, er macht mich auch traurig.«

»Und er macht dich taub und blind«, fügte Shona hinzu. »Wenn er da ist, kann man gar nicht mehr hören und sehen, was der andere sagt. Er gewinnt die Oberhand über dich.«

»Das ist ja unheimlich!«, flüsterte Chozoo. »Total unheimlich.« Sie zitterte.

»Nicht, wenn du ihn dir genau ansiehst, wenn du ihn erkennst und begreifst, was er wirklich ist. Er ist da, aber er ist nicht Du, mein Liebes. Das hast du schon erkannt, nicht wahr? Und so geht es mit jedem Gefühl. Furcht, Sorge, Rastlosigkeit, Traurigkeit und so weiter. Wenn du sie anschauen kannst und begreifst, dass sie außerhalb von dir existieren, dann kannst du auch entscheiden, ob du ihnen erlauben willst, sich von deiner Kraft zu ernähren.«

»Aber wie können sie außerhalb von mir sein, Mama?« Chozoo sah ihre Mutter verwirrt an. »Sie sind doch nicht draußen, sie sind in mir drin und …«

»So fühlt es sich an, mein Schatz, ganz sicher. Das ist ja das Problem. Aber wenn du lernst, sie getrennt von dir zu betrachten, wenn du sie als etwas ansiehst, was geschieht, dann … dann gewinnst du, nicht der Wurm.« Sie hielt inne und ließ ihre Worte wirken. Dann murmelte sie etwas, was sie selbst noch nicht ganz verstand, was aber die andere Shona einmal gesagt hatte: »Du bist nicht deine Gedanken und Gefühle. Nichts, was dir gehört, kann Du sein, oder?«

Jetzt war Chozoo endgültig verwirrt. Shona wechselte die Richtung und führte das Gespräch zurück zu den Gefühlen. »Hast du schon mal darüber nachgedacht, mein Kind«, fragte sie zärtlich, »was die Gefühle nährt, über die wir gesprochen haben?«

»Nein, keine Ahnung.«

»Sie ernähren sich von den Wiederholungen der Geschichte in deinem Kopf. Dein Wille, in dem dunklen Loch zu bleiben und darüber nachzudenken, nährt sie. Aber du kannst verstehen, dass du sie nicht ernähren musst.« Sie sah ihre Tochter freundlich an und fragte: »Was meinst du, was du brauchst, um damit aufzuhören?«

Chozoo saß still da und dachte nach.

»Du kannst ihnen verbieten, sich von deiner Kraft zu ernähren. Du kannst aufhören, sie zu beachten. Die Geschichte fallen lassen. Die Stimmen ausblenden, die dich immer wieder daran erinnern, wer was gesagt hat. Du musst dich nur daran erinnern, dass du die Wahl hast. Du kannst wählen und einfach wieder glücklich sein. So einfach ist das.«

»Das klingt aber seltsam, Mama. Und auch ein wenig unrealistisch.« Chozoo hielt inne und schien tief in Gedanken versunken. Dann fuhr sie aus ihrem Tagtraum auf und sagte: »Na, ich werde es wohl einfach probieren und sehen, was passiert, meinst du nicht?«

»Ja, so sieht es aus. Es ergibt nur dann Sinn, wenn es bei

dir funktioniert. Und am Anfang ist es vermutlich gar nicht so einfach. Es ist nämlich viel einfacher, in dem schwarzen Loch zu bleiben und weiterhin deinen Gewohnheiten zu folgen. Aber wenn du es versuchst und den Wurm beobachtest, dann wirst du ihm sicher nicht mehr erlauben, dir Kraft zu rauben.« Shona lächelte.

»Aber heißt das, ich muss mich jetzt mit Undich versöhnen und sagen, dass es mir leidtut?« Chozoo verzog das Gesicht.

»Nun, wichtiger ist wohl, was du innerlich tust«, erwiderte Shona freundlich und pickte ihrer Tochter liebevoll die Wange. »Wenn es dir gelingt, dich innerlich gut zu fühlen, dann musst du dich vielleicht gar nicht offiziell mit ihm versöhnen. Wie fühlst du dich denn jetzt? Bist du immer noch unglücklich oder empört oder wütend?«

»Es ist ganz komisch, Mama, aber die Gefühle sind weg. Ich fühle mich wirklich gut. Jetzt kommt mir der ganze Zwischenfall eher lustig vor. Und ich weiß ja, ich habe kein Spatzenhirn. Und Undich weiß das auch.«

»Ist das nicht komisch? Wenn wir unsere Kraft in die richtige Richtung lenken, dann sieht alles gleich ganz anders aus, und wir sind glücklich. Das kann dir niemand und nichts nehmen. Was meinst du?«

»Da hast du recht, Mama. Ich fühle mich glücklich und leicht und werde nicht zulassen, dass mir das jemand wegnimmt.« Chozoo lächelte.

»Der aufmerksame Vogel fängt den Wurm«, murmelte Shona bei sich. So etwas in der Art hatte Sheila immer gesagt. *Ach, so hat sie das gemeint!*, dachte sie. *Jetzt weiß ich es auch.*

Undich und Zorro kamen zurück und unterbrachen ihre Gedanken. Undich war wieder ganz fröhlich. Zorro warf Shona einen Blick zu. Offenbar hatten auch Vater und Sohn miteinander gesprochen.

»Ich will lieber glücklich sein als recht haben«, erklärte Undich großspurig. »Ja, ich will lieber glücklich sein als recht haben.« Aus dem Augenwinkel sah er Chozoo an, sprang ein paar Mal auf und nieder und ließ seine Kopffedern nach der neuesten Mode aufrecht stehen. Er sah so witzig aus, dass sie alle lachen mussten.

»Glück ist wie eine süße Mango, saftig und voller Geschmack«, sang er. »Rechthaben ist wie eine vertrocknete Beere. Ich möchte lieber Mango! Und übrigens habe ich Hunger. Wollen wir uns nicht mal was zu essen suchen?«, fragte er Chozoo und zog sie am Flügel. »Es tut mir leid«, bemerkte er noch, als sie losflogen. »Natürlich finde ich nicht, dass du ein Spatzenhirn hast oder so.«

Die beiden flogen durch den Garten, schwatzten und lachten wie immer. Die dunkle Wolke verschwand, und die Sonne schien wieder. Shona und Zorro zwinkerten sich zu. Die andere Shona nahm Shona in die Arme und hielt sie ganz fest. Ihr Baby war unheimlich gewachsen, dachte sie stolz.

Das sagte sie ihr dann später auch, als sie sich trafen. Shona schaukelte auf einem Ast und dachte über den Tag nach.

»Du hast das Chozoo heute gut erklärt«, sagte die andere Shona. »Ich muss schon sagen, sie ist wirklich etwas Besonderes. Sie hat es gut begriffen.«

»Ja, das hat sie«, erwiderte Shona. »Aber weißt du, ich habe den ganzen Tag noch darüber nachgedacht. Oft verstehen wir Dinge selbst, aber es ist nicht einfach, sie auch anzuwenden. Tatsächlich glaube ich, Kinder können das fast besser als Erwachsene. Es ist gar nicht so leicht, eine Geschichte loszulassen, sie läuft einfach in unserem Kopf weiter, ohne uns um Erlaubnis zu bitten. Sag mir, meine andere Shona, warum ist das so schwierig?«

Die andere Shona schwieg ein paar Sekunden, bevor sie antwortete. »Das ist eine gute Frage. Es ist deshalb so schwierig, liebe Shona, weil unser Ich daran hängt. Es ist dir passiert. Es ist deine Geschichte. Es gehört zu dir, und du hast das Gefühl, du hättest das Recht und die Pflicht, es zu verteidigen.«

»Aber so ist es doch!« Shona runzelte die Stirn, bevor sie weitersprach. »Wie kann man glücklich sein, wenn man das nicht tut?«

»Tatsächlich bleibt man auf diese Weise sehr unglücklich, weil die Dinge ja so oft nicht laufen, wie wir sie uns vorstellen. Wir ›unterliegen‹ in einem Streit, der andere versteht uns nicht oder stimmt uns nicht zu, und solange er das nicht tut, regst du dich auf. Aber was ist, wenn es so bleibt? Der andere kann deine Meinung vielleicht gar nicht teilen, weil jeder nun mal seine eigene Meinung hat, seine Wahrnehmung und seine Gefühle hat. Und solange die Dinge sich nicht so entwickeln, wie du sie dir wünschst, wird der gierige Wurm, von dem Chozoo sprach, immer dicker. Dabei hast du, wenn du mal genau darüber nachdenkst, nicht den Streit verloren, sondern deinen Frieden und deine Ruhe.«

»Ja, aber das ganze Glücklichsein ist doch nichts wert, wenn ich nicht erreiche, was ich mir wünsche.«

»Das musst du entscheiden. Kinder sind da wirklich ganz gute Lehrer. Denk doch mal, wie Undich es beschrieben hat. Du hast die Wahl zwischen einer saftigen Mango und einer verschrumpelten Beere. Es ist deine Entscheidung, und je mehr du wächst, desto einfacher wird es, dich für das Glück und den Seelenfrieden zu entscheiden. Für das Wir und nicht für das Ich.«

»Ich oder Wir? Das ist mir neu. Worum geht es da, andere Shona?«

»Das Ich schaut nur auf mich und meine Geschichte, mein Glück. Und das alles ist abhängig davon, dass ich meinen Willen bekomme. Das Wir schaut auf das größere Bild, darauf, dass alle glücklich sein können und dass überall Friede herrscht. Tatsächlich geht es darum, Verbundenheit über Trennung zu stellen. Wenn du das für wichtiger hältst als das Glück einer einzelnen Person, dann wächst das Wir. Und das Glück kommt von ganz allein.«

»Allmählich verstehe ich«, sagte Shona, und ein leises Funkeln ergriff ihre Stimme. »Auch wenn ich glaube, dass das ganz schön schwierig ist.«

»Es macht das Leben sogar leichter, wenn du verstehst, dass es immer zwei Sichtweisen gibt. Eine vom Boden aus und eine von höherer Warte. Wenn du auf dem Boden sitzt …« Die andere Shona hielt inne und flog vor Shona her. »Komm, wir probieren es aus«, sagte sie und landete auf der Erde. »Also, hier auf dem Boden, was siehst du?«

Shona sah sich um und sagte es ihr. Sie sah ein paar Insekten, ein Blatt und einige heruntergefallene Zweige.

»Und jetzt fliegen wir auf diesen Ast da und sehen uns um. Was kannst du jetzt erkennen?«

»Oh, viel mehr, zum Beispiel die Bäume! Viele Bäume und ihre Wipfel. Ich kann bis ans Ende des Gartens sehen, ich kann die Leute sehen, die kommen und gehen …« Shona sah die andere Shona an; sie hatte noch nicht ganz begriffen, was diese Übung sollte.

»Und jetzt fliegen wir auf die Spitze des Turms, wie du es so oft tust«, sagte die andere Shona und hielt Shona am Flügel, als sie zusammen aufstiegen und auf dem höchsten Punkt landeten. »Was siehst du jetzt?«

»Oh.« Shona musste lachen. »Jetzt sehe ich den ganzen

Garten, ja, sogar die ganze Stadt. Von hier oben kann ich wirklich sehr viel sehen.«

»Kannst du die Insekten, das Blatt und die Zweige noch sehen, die du auf dem Boden erkannt hast?«

»Da müsste ich mich sehr anstrengen, sie sind ja ganz winzig.«

»Eben. Es hängt also davon ab, von wo aus du die Dinge betrachtest.«

»Das ist richtig, aber ich verstehe immer noch nicht, worauf du hinauswillst.«

»Die winzigen Details, die dir unten auf dem Boden so wichtig vorkamen, sind vielleicht gar nicht so bedeutend. Wenn deine eigene Geschichte dir das Wichtigste ist – das ist sozusagen der Blick vom Boden. Wenn du von oben herunterschaust, ist sie nicht mehr so wichtig. Dann ist sie nur noch ein kleines Detail innerhalb eines größeren Bildes.«

»Du meinst also, wenn man verletzt ist oder sich aufregt oder in einem Streit unterliegt, dann könnte man sich dazu entscheiden, hochzufliegen und die Dinge aus einer anderen Warte zu sehen? Meinst du das? Das klingt aber ganz schön idealistisch.«

Es hängt davon ab, wo man sitzt, dachte sie. Der Sitzplatz bestimmt, was wir sehen. Perspektive. Das hatte die andere Shona wohl gemeint.

»Natürlich«, unterbrach die andere Shona ihre Gedanken, »muss man auch noch etwas anderes berücksichtigen. Der

Ort, von dem aus du die Dinge siehst, ist wichtig. Aber auch, worauf du dich konzentrierst. Jede Situation hat ihre guten und schlechten Seiten, und oft können wir die guten nicht erkennen.« Sie wartete kurz.

Shona sah sie verwirrt an.

»Selbst wenn du dich verletzt fühlst, ist …«

Shona ließ sie nicht ausreden. Empört platzte sie heraus: »Ach, jetzt hör aber auf, andere Shona! Jetzt übertreibst du aber wirklich. Du willst mir doch jetzt nicht erzählen, dass auch etwas Gutes darin liegt, wenn man verletzt wird oder sich aufregt oder … Sei doch mal ein bisschen realistisch!«

»Ich weiß nicht, was du meinst, wenn du sagst, es könnte etwas Gutes darin liegen, aber ich kann dir sagen, was ich gemeint habe. Einfach dies: Es gibt viele Dinge, die wir nicht sehen können, wenn wir verletzt sind oder wütend oder uns aufregen. Dann konzentrieren wir uns nur noch auf den Schmerz und schauen nicht mehr dahinter. Es ist, wie wenn du einen körperlichen Schmerz empfindest. Der verlangt auch deine ganze Aufmerksamkeit, nicht wahr?«

Shona nickte, aber sie runzelte immer noch die Stirn, als wäre sie nicht bereit, den Gedanken loszulassen.

»In solchen Momenten erinnerst du dich nicht mehr daran, dass es anderen Teilen von dir ganz gut geht und dass sie dich nicht stören. Natürlich erinnerst du dich nicht daran, denn wenn du das tätest, würde es dir gleich viel besser gehen«, fuhr die andere Shona fort.

Als sie sah, dass Shona sich schon wieder empörte und ein neues Argument anbringen wollte, sagte sie in ihrem beruhigendsten Ton: »Liebes, es geht nur darum, zu begreifen, dass du die Wahl hast. Manchmal gelingt es uns, aus einer höheren Sicht heraus zu entscheiden, eine andere Perspektive einzunehmen. Manchmal gelingt es uns auch nicht. Manchmal können wir unseren Blick in eine andere Richtung lenken, manchmal eben auch nicht. Man sollte aber zumindest wissen, dass es zwei Möglichkeiten gibt. Es liegt ganz bei dir, wie du dich entscheidest, Shona. Wenn man verletzt oder empört und in Details seiner eigenen Geschichte verstrickt ist, dann wird etwas blockiert. Und weißt du auch, was?« Die andere Shona sah Shona liebevoll an. »Die Liebe, mein Schatz. In solchen Momenten verschließen wir unser Herz. Und dann werden wir rastlos und angespannt. Man kann sich nicht entspannen, wenn man weit weg und ohne Verbindung ist, findest du nicht?« Die andere Shona warf Shona eine Kusshand zu und fuhr leise fort: »Ich hoffe, du hältst mich jetzt nicht wieder für arrogant, aber ich muss dir jetzt sagen, dass ich dir diese höhere Sicht zeige. Dass ich diese höhere Sicht bin. Wenn du dich für mich entscheidest, wirst du es immer sehen.«

Shona schwieg und schien intensiv nachzudenken. Sie war weit weg, in Gedanken verloren. Als sie wieder in die Gegenwart zurückkam, sah sie die andere Shona fragend an.

»Mein Weg ist der Weg der Liebe«, sagte die andere Shona und erwiderte ihren Blick. »Mein Weg ist der Weg des Wir, der Annahme und des Friedens. Der Einheit. Er zeigt dir, wie die Dinge wirklich sind.«

Es war an der Zeit, zu tun, worüber sie schon so oft nachgedacht hatte. Mit derselben Sicherheit, mit der sie gewusst hatte, dass es Zeit war, ihr erstes Zuhause zu verlassen, wusste sie jetzt, dass es Zeit war, zurückzukehren. Ihre beiden Familien sollten sich kennenlernen. Sie war bereit.

16

Die Zeit verging, die Stimmung der Sonne veränderte sich wieder. Die beruhigende Sanftheit, die allen Geschöpfen so gutgetan hatte, machte wieder dem beherrschenden Feuer Platz, sodass man Schutz vor ihr suchen musste. Die Tage wurden länger, es wurde später dunkel. Die Abende waren mild und schön. Zorro und Shona saßen wieder gern auf einem Ast und sahen zu, wie die Sonne unterging und die Nachtlichter erschienen. Ihre Kinder saßen oft bei ihnen, gingen aber auch oft ihrer eigenen Wege und kamen erst nach dem Abendessen zurück nach Hause. Beide waren zu schönen Vögeln herangewachsen, und bald, wusste Shona, würden sie so weit sein, dass sie sich ein eigenes Zuhause suchten. Oft sah sie, wie Papageienmädchen Undich bewundernd hinterherschauten, wenn er vorbeischwirrte. Und auch Chozoo hatte durchaus ihre Bewunderer.

Shona erinnerte sich, dass ein ganz ähnliches Wetter geherrscht hatte, als sie zum ersten Mal in diesen Garten gekommen war. Es schien so lange her zu sein! Es war an der Zeit, zu tun, worüber sie schon so oft nachgedacht hatte. Mit derselben Sicherheit, mit der sie gewusst hatte, dass es

Zeit war, ihr erstes Zuhause zu verlassen, wusste sie jetzt, dass es Zeit war, zurückzukehren. Ihre beiden Familien sollten sich kennenlernen. Sie war bereit.

Eines Morgens, als es hell wurde, erklärte sie ihrer Familie, sie würden gemeinsam einen besonderen Ort besuchen, den sie alle sehen müssten. Zorro sah sie fragend an. Offenbar hatte sie ihm doch nicht alles erzählt oder mit ihm besprochen. Aber sie sah so glücklich und geheimnisvoll aus und platzte fast vor freudiger Erwartung, da wollte er sie nicht drängen, im Voraus etwas zu verraten.

»Heute wollen wir frühe Vögel sein«, sagte sie und konnte gar nicht aufhören zu lächeln. »Frühstückt kräftig, und dann geht es los. Es könnte der längste Flug sein, den ihr je erlebt habt.«

Bald waren alle vier bereit für das Abenteuer. Undich konnte seine Aufregung kaum zügeln. Er flog kreischend herum. Chozoo schmiegte sich an Shona und versuchte, etwas über das Ziel aus ihr herauszubringen, aber Shona wechselte immer wieder entschieden das Thema. Einen Augenblick bevor sie aufbrachen, atmete sie tief durch, schloss kurz die Augen und bat ihren Radar um Hilfe. Die andere Shona rief sie als Begleitung und Landkarte an, wie sie es jetzt immer tat. Und dann flog sie los, und ihre Familie folgte ihr.

Voller Vertrauen flog sie, wohin sie geführt wurde: über Straßen, in denen sich die Autos stauten, über Gärten, Häuser und Marktplätze. Sie erinnerte sich an die Wassermelonen und die Katastrophe, die daraus beinahe entstanden war. Und sie erinnerte sich, wie sie Mango und Tango kennengelernt hatte. Im Weiterfliegen purzelten die Erinnerungen übereinander und verlangten ihre Aufmerksamkeit.

Sie flogen lange; die jungen Vögel, die am Anfang der Reise noch über jeden neuen Anblick aufgeregt gekrächzt hatten, wurden allmählich still. Die Müdigkeit gewann die Oberhand über den früheren Enthusiasmus. Dann, ganz plötzlich, wusste Shona, dass sie ihrem Ziel nahe waren. In ihr mischten sich die Gefühle, sie zitterte. Nostalgie überkam sie, als sie erkannte, dass sie im Garten ihres alten Zuhauses angekommen waren. Sie landete auf einem Ast des Baumes, der die Fensterscheibe liebkost hatte, hinter der sie gelebt hatte. Ihre Familie setzte sich zu ihr. Einen kurzen Augenblick lang sah sie sich um. Der rosa Busch breitete sich über die Mauer aus, so lebhaft und farbig, wie sie es in Erinnerung hatte. Sie saßen direkt über dem Balkon, von dessen Gitter sie aufgebrochen war.

»Krrriiiia! Krrriiia!«, kreischte sie. Und im selben Moment überkam sie eine schreckliche Angst. Jetzt waren sie so weit geflogen, aber würde Sheila sich überhaupt an sie erinnern? Sie hatte sich geschworen, sie würde ihre Familie hierherbringen und sie ihr zeigen, aber würde Sheila sie erkennen? »Krrriiia!«, rief sie noch einmal. Im Haus war keine Bewegung zu sehen. Das Fenster blieb geschlossen.

War das ein Bellen gewesen? Hatte sie sich das nur eingebildet, oder war das ihr alter Freund Jazz da hinter dem Fenster? Sie sah ihn vor ihrem inneren Auge, als wäre es erst gestern gewesen. Er hatte seine Pfoten auf die Fensterbank gelegt und drückte die Nase gegen das Fenster. Ihr kamen die Tränen.

Und dann sah sie Sheila! Sie sah noch genauso aus, wie Shona sie in Erinnerung hatte. Jetzt kam sie hinausgeeilt, stand auf dem Rasen und schaute hinauf in die Bäume. Shona würde nie diesen Ausdruck von Freude und Staunen vergessen, der sich auf ihrem Gesicht ausbreitete, als sie Shona sah.

»Mein Gott, du bist es wirklich, Shona!«, sagte sie immer wieder und wiederholte sich dabei, genau wie Shona es gern tat. »Du bist es wirklich! Ich wusste, du würdest wenigstens noch einmal zu mir zurückkommen.«

Ohne nachzudenken, von einer unsichtbaren Kraft bewegt, flog Shona hinunter und landete auf Sheilas Schulter, wie sie es so oft getan hatte. Sie pickte zart an ihrem Ohr und lehnte sich gemütlich dagegen. Ihr Herz schlug schnell. Sie drängte Sheila, hinaufzusehen, in den Baum über dem Balkon, wo ihre Familie saß. Sheila entdeckte sie und schrie wieder auf, in einer Mischung aus Aufregung, Stolz und Entzücken.

»Gute Güte!«, sagte sie unter Tränen. »Gute Güte, was für ein Mann! Der ist ja noch schöner, als ich es erwartet hatte!

Und die beiden daneben, sind das deine Kinder, Shona? Das sind die beiden schönsten Jungen, die ich je gesehen habe! Ach, meine Shona, ich bin so stolz auf dich, so stolz! Ich wusste, du würdest Artgenossen finden, und tief in mir wusste ich auch, du würdest eines Tages zurückkommen, um sie mir zu zeigen.«

All die Liebe, die Shona immer für Sheila empfunden hatte, kam mit einem Mal zurück. Sie hätte Sheila gern gefragt, ob sie ihr verziehen hatte, dass sie weggegangen war. Und als würde sie auf diese unausgesprochene Frage antworten, sagte Sheila: »Ich wusste einfach, du würdest deinen Weg machen. Ich habe dich furchtbar vermisst, aber ich war froh, dass du in die Freiheit geflogen bist. Ich habe mir nur gewünscht, dass du noch einmal zurückkommst und mir zeigst, dass alles in Ordnung ist. Erinnerst du dich, Shona, dass du immer gesagt hast: Aaalles gut!«

»Aaalles gut! Aaalles gut!«, wiederholte Shona und fühlte sich so vollständig und rund, wie sie es immer ersehnt hatte.

»Warte mal hier«, sagte Sheila. »Ich bin gleich wieder da.«

Und sie kam wirklich gleich wieder und brachte ein Tablett mit allem, was Shona gern mochte: Banane, Melone, Mango, Reis und Nüsse. Sie hatte nichts vergessen! Sie stellte das Tablett auf die Fensterbank und trat einen Schritt zurück, damit Shonas Familie sich näher heranwagte.

Shona sah ihren Mann und ihre Kinder an. Zorro erwiderte ihren Blick voller Nachsicht. Er hatte selbst eine

Menschenfamilie gehabt und verstand sie nur zu gut. Chozoo schaute etwas benommen, als würde sie das alles noch nicht recht verstehen, und Undich sah aus, als würden ihm gleich die Augen aus seinem kleinen Kopf fallen. Er schaute das Futter auf dem Fensterbrett an, und auf eine winzige Geste von Shona hin kam er und machte sich darüber her. Chozoo folgte ihm, und bald genossen sie alle vier die Köstlichkeiten, von denen die Jungen einiges noch nie gesehen hatten. Sheila verschwand diskret ins Haus, kam aber bald mit einem neuen Tablett wieder, das ebenfalls geleert wurde, bevor sie auch nur »Shona!« sagen konnte. So satt war Shona das letzte Mal mit Mango und Tango gewesen. Seit sie von ihrem ersten Zuhause weggeflogen war, hatte sie nicht mehr so viel gegessen, und sie hatte fast schon vergessen, dass man Futter bekommen konnte, ohne danach zu suchen.

Irgendwann musste sie aufstoßen. Sie saß auf dem Fensterbrett, sah Sheila an und sagte: »Danke schön. Auf Wiedersehen. Danke schön. Auf Wiedersehen. Danke schön.« Und noch ein letztes Mal, so richtig zufrieden und endgültig.

»Dann flieg, Shona. Ich danke dir, dass du mich hast wissen lassen, wie gut es dir geht. Ich liebe dich und werde dich immer lieben.«

Ein letztes Mal setzte sich Shona auf Sheilas Kopf, hüpfte dann auf ihre Schulter, pickte kurz an ihrer Wange und flog davon.

Man kann Dankbarkeit ohne Schuldgefühle empfinden, dachte sie bei sich. Man kann Fürsorge genießen und Liebe geben und empfangen, ohne dass sie einen fesselt.

»Krrriiia! Krrriiia!«, schrie sie voller Freude, flog einen Looping und ein paar Kreise, wie sie es immer für Sheila getan hatte. Dann flog sie über die Gartenmauer, ohne noch einmal zurückzuschauen. Ihre Familie folgte ihr. In aller Gewissheit und Sicherheit führte sie ihre Familie nach Hause. Ganz ohne eine sichtbare Landkarte, ein Sicherheitsnetz oder einen Plan.

Je mehr sie darüber nachdachte, desto mehr staunte sie über die Vollkommenheit des Plans. Über die Eleganz, mit der er erdacht worden war, mit der sie zu ihm hin und durch ihn hindurch geführt worden war. Die ganze Zeit, egal, ob sie Gefahr, Schwierigkeiten oder Hindernisse wahrgenommen hatte oder nicht, war sie beschützt und geführt worden. Bei jedem einzelnen Schritt auf dem Weg.

17

Am nächsten Tag fingen die Kinder gleich nach dem Aufwachen an, ihr Fragen zu stellen. Wer war Sheila? Wie fühlte es sich an, in einem Haus zu leben? Und all dieses köstliche Essen, wollte Undich wissen, wo gab es noch mehr davon?! Wie konnte man einen Ort verlassen, an dem man so bequem und glücklich lebte? Plötzlich war ihre Mutter in ihren Augen zu einem Vogel mit Charakter und einer Vergangenheit geworden. Und mit Mut! Kinder sehen ihre Mütter normalerweise nicht so. Zorro lächelte friedlich, während er dem Gespräch zuhörte. Er ahnte, was dieser Besuch für Shona bedeutete. Es war, als wäre eine Last von ihren Schultern genommen. Ihre Energie war leicht und frei.

Shona spürte es auch, und sie sagte es zur anderen Shona, als sie abends ein langes Gespräch führten.

»Dankbarkeit ohne Schuld«, sagte sie. »Was für ein wunderbares Gefühl.«

»Eigentlich ist es gar nicht nötig, die beiden zu verbinden, nicht wahr?«, erwiderte die andere Shona weise. »Nur fällt es uns manchmal schwer, ein Geschenk anzunehmen. Und dann denken wir, wir müssten etwas zurückgeben, etwas opfern. Oft verlieren wir uns selbst dabei. Tatsächlich ist das aber die schlechteste Art, jemandem etwas zurückzugeben.«

»Hmm.« Shona dachte darüber nach. Sie staunte immer über die neuen Perspektiven, die die andere Shona den Dingen geben konnte, über die sie sprachen. Sie machten sie froh und klar und ruhig. Sie dachte an all das, was die andere Shona ihr ganz sanft beigebracht hatte, ohne sie jemals zu belehren oder von oben herab mit ihr zu reden, ohne sich aufzudrängen oder ihr etwas überzustülpen. Aber sie war immer da gewesen, wenn sie sie brauchte, nur einen Gedanken weit entfernt. Es schien lange her zu sein, dass sie davon gesprochen hatte, wie wichtig ein Lebenssinn und eine Bestimmung waren. Wie wenig hatte Shona damals verstanden! Wie sehr hatte die andere Shona darauf beharrt, dass alles perfekt sei, wie es sei, ob es nun um einen zerstörerischen Sturm ging oder um ein glückliches Ereignis, das Freude brachte. Im Rückblick erkannte Shona, dass sie ohne die Freundschaft zur anderen Shona nie so mühelos so weit gekommen wäre.

Jetzt sah sie sie liebevoll an. Während sie da saßen und sich in die Augen schauten, spürte Shona eine Woge der Dankbarkeit, die sie durchströmte. Alles, was die andere Shona jemals zu ihr gesagt hatte, ergab jetzt einen vollkommenen Sinn. Alles ist genauso geplant, wie es sein soll. Für dein Wachstum. Für deine Entwicklung. Jetzt, da sie sah, wie ihre Kinder sich kabbelten, während Zorro zufrieden über sie wachte, änderte sich ihr Blickwinkel und sie sah auf einmal vor ihrem inneren Auge alles, was bis zu diesem Moment passiert war. Wie ein Kartenhaus, wie eine Reihe Dominosteine, waren alle Teile miteinander verbunden. Ihre Gedanken reisten den Weg entlang, den sie genommen hatte, um hier zu leben. Sie dachte an ihre Kinder, ihre Begegnung mit Zorro, ihre Freundinnen Mango und Tango, ihren Weggang von »zu Hause«, ihre Zeit mit Sheila, den Sturz aus dem Nest. Sie rang nach Atem. War auch dieser Sturz Teil des Plans gewesen? Das konnte doch nicht sein! Sicher nicht! Sie hätte sterben können. Aber sie wusste tief in ihrem Inneren, dass auch dieser Sturz Teil des großen Plans gewesen war. Tatsächlich wäre nichts von alledem passiert, wenn sie nicht aus dem Nest gefallen wäre. Und sie war nicht gestorben, absolut nicht! Sie hatte nicht nur ein neues Leben geschenkt bekommen, sondern auch ganz neue Voraussetzungen für ihr Leben. Je mehr sie darüber nachdachte, desto mehr staunte sie über die Vollkommenheit des Plans. Über die Eleganz, mit der er erdacht worden war, mit der sie zu ihm hin und durch ihn hindurch geführt worden war. Die ganze Zeit, egal, ob sie Gefahr, Schwierigkeiten oder Hindernisse wahrgenommen hatte oder nicht, war sie beschützt und geführt worden. Bei jedem einzelnen Schritt auf dem Weg. Eine weitere Woge des Staunens und der Dankbarkeit durchströmte sie. Sie ließ es zu und kümmerte sich nicht um die Tränen, die ihr über die Wangen liefen. Durch ihren eigenen Willen, durch Planen und Tüfteln wäre sie nie hier angekommen. Alles war ganz spontan passiert. Jetzt endlich verstand sie, warum man all die Pläne und Landkarten und äußeren Radareinrichtungen nicht brauchte, über die sie irgendwann einmal mit der anderen Shona gestritten hatte. Nein, all das brachte der große Plan ganz einfach mit sich. Diese Dinge waren immer schon mit dabei gewesen.

Als sie das begriff, platzte es aus ihr heraus: »Du hast den großen Plan immer schon gekannt, oder?«

»Ja, natürlich«, erwiderte die andere Shona bescheiden. »Schließlich bin ich ein Teil davon. Man könnte sagen, ich bin der Plan und der Radar und die Landkarte.« Sie lachte.

»So hast du es aber nie gesagt«, erklärte Shona. »Und sag jetzt bloß nicht, du hast es doch getan und ich hätte nicht zugehört. Den Satz kann ich nicht mehr hören.« Sie lachte auch.

»Nein, ich habe es wirklich nie so gesagt. Das hätte dir doch den ganzen Spaß verdorben, oder?« Als sie sah, dass Shona wieder einmal die Stirn runzelte, wie sie es immer tat, wenn ihr ein neuer Gedanke kam, fuhr die andere Shona fort: »Aber ich habe auf den großen Plan hingewiesen, wenn du dich erinnern magst. Und ich habe das Schicksal erwähnt. Wenn ich mehr gesagt hätte, wäre es kein Abenteuer mehr gewesen. Ich musste es vorsichtig angehen, damit du selbst wählen kannst.«

»Jetzt bin ich verwirrt«, sagte Shona. »Es gibt also einen großen Plan, sagst du, aber ich soll selbst wählen? Das ist doch ein Widerspruch! Im Übrigen kam es mir nicht so vor, als hätte ich eine Wahl.«

»Doch, du hattest eine Wahl, das ist ja gerade das Schöne. Es war auch für mich ein echtes Abenteuer, das alles zu beobachten. Verstehst du, ich kenne den großen Plan, die Möglichkeiten und Potenziale. Und ich bin dafür zuständig, dich sanft zu leiten, damit nicht alles auseinanderfliegt. Aber letztlich, Shona, bist du selbst verantwortlich. Du triffst alle Entscheidungen. Tatsächlich kannst du hier und da beschließen, dem Plan überhaupt nicht zu folgen. Das sind schlimme Momente für mich. Oft sehe ich es kommen, aber ich bin machtlos, ich darf dich nicht warnen oder mit dir sprechen oder dich anleiten – nur, wenn du mich fragst. Dieses Schweigen ist wie ein Fluch, und glaub mir, es einzuhalten ist schwieriger als alles, was du erlebt hast.« Die andere Shona hielt kurz inne, dann fuhr sie fort: »Und die Liebe macht alles noch viel schwieriger. Das muss ich erklären. Ich liebe dich so sehr und wünsche mir, dass du mit mir im Einklang bist und nach deiner Bestimmung lebst. Und deshalb tut es mir sehr weh, wenn du es nicht tust.« Sie überlegte kurz. »Oder willst.«

»Aber was ist meine Bestimmung, und habe ich nach ihr gelebt?«, fragte Shona zitternd vor Erwartung, wie wohl die Antwort ausfallen würde.

»Es gibt nur eine Bestimmung, meine geliebte Shona, und sie ist für uns alle gleich«, antwortete die andere Shona mit leuchtendem Blick. »Wir sollen wachsen, uns selbst finden und in die Freiheit fliegen. Oder anders gesagt: Wir sollen im Einklang mit dem Plan unserer Seele leben. Entdecken, wer wir wirklich sind. Und ja, ich denke, du hast viel erreicht. Wir sind Freunde geworden, oder? Ich denke, du erinnerst dich noch, wie einseitig unsere Beziehung zu Beginn war.« Sie lächelte freundlich. »Vielleicht findest du es überheblich, wenn ich das so sage, aber ich meine, selbst unsere Freundschaft ist ein Zeichen dafür, wie sehr du gewachsen bist.« Sie ließ die Worte wirken.

»Hmm«, machte Shona nachdenklich. Es stimmte, sie genoss es, mit der anderen Shona zusammen zu sein. Sie fühlte sich sogar sehr unterstützt und geleitet von ihr, und sie musste zugeben, dass die andere Shona mit Worten umgehen konnte. Sie wusste genau, wann sie was sagen musste und wie sie Shona beruhigen konnte.

»Aber sag mir, andere Shona …« Jetzt überschlugen sich die Worte, während sie versuchte, einen Gedanken zu formulieren, der gerade erst in ihrem Kopf entstanden war. »Wer bist du? Bist du die wahre Shona oder bin ich es?«

»Was meinst du?«, erwiderte die andere Shona und sah Shona unendlich zärtlich an.

»Natürlich bin ich es, denn ganz offensichtlich mache ich ja alle Erfahrungen. Ich kann sehen und hören und …«

Sie lachte leise. »Und ich werde gesehen. Ich bin hier! Wie kannst du, die du doch unsichtbar bist, real sein?«

»Das ist natürlich wahr, meine Liebe. Das sagt uns die Logik. Aber es gibt ja nicht nur die Logik, nicht wahr? Tatsächlich sind wir eins, Shona, und du bist nicht die Einzige, die Erfahrungen macht. Wir sind beide real, du durch mich und ich durch dich. Vielleicht bist du mir dankbar.« Die andere Shona lachte. »Ja, manchmal bist du das wohl. Aber ich bin dir auch dankbar. Vielleicht hast du das Gefühl, ich hätte dich etwas gelehrt, was du noch nicht wusstest, aber weißt du, ich könnte selbst nicht so viel lernen, wenn du nicht wärst. Mein Wachstum steht und fällt mit deinen Entscheidungen, mit deinen Erfahrungen. Ich weiß, das klingt alles sehr verwirrend, meine Liebe, aber unsere Beziehung ist die wichtigste überhaupt. Wir können ohne einander nicht sein.«

»Das kann schon sein, meine andere Shona, aber trotzdem bist du nicht real oder größer als ich, oder?« Shona sah jetzt fast ein wenig ängstlich aus.

»Ich kann dazu nur eines sagen, Shona. Du bist größer, als du es dir vorstellen kannst. Wir stehen nicht im Wettstreit miteinander. An dem Tag, an dem du das erkennst, meine Liebste, wirst du deinen Käfig wirklich hinter dir lassen. Tatsächlich …« Die andere Shona lachte leise. »Tatsächlich bin ich gar nicht die andere Shona, kein von dir getrenntes Wesen. Ich bin niemand anderer, nein, ich bin auch

Shona. Ich bin du!« Sie sah Shona voller Liebe an. »Und ich bin sehr froh, dass du mir vertraut hast. Das war wirklich der erste Schritt.«

»Aber es war schwierig«, sagte Shona, die irgendwie froh war, dass sich das Gespräch auf eine Ebene bewegte, die sie verstehen konnte. »Sieh die Dinge doch mal aus meiner Warte. Ich war glücklich und zufrieden, ich war in Sicherheit dort, wo ich war. Dann kamst du daher und hast mir komische Ideen in den Kopf gesetzt. Jedenfalls fand ich sie damals ziemlich komisch. Und Gründe hast du mir ja auch nicht genannt. Du hast mir zugeflüstert, ich sollte gehen, alles aufgeben, was ich hatte, meine sichere Existenz und Bequemlichkeit. Meine Lieben verlassen sollte ich … und wofür? Wenn ich heute darüber nachdenke, frage ich mich, warum ich es getan habe. Es kommt mir verrückt vor.«

»Shona, ich bin so stolz auf dich!«, lächelte die andere Shona. »Du hast das Risiko auf dich genommen und bist gesprungen. Tief in dir drin hattest du Vertrauen«, sagte sie und fügte schnell hinzu: »Und zwar nicht zu mir, sondern zum Leben!«

»Nun, ich bin ja auch froh, dass ich es getan habe«, erwiderte Shona ebenso schnell. »Weil es so wunderbar ausgegangen ist. Aber das wusste ich ja damals nicht. Und was, wenn es nicht so gut ausgegangen wäre?«

»Ja, weißt du, dieser Gedanke hindert die meisten von uns daran, unserem Herzen und unseren Träumen zu folgen, unserer wahren Bestimmung. Wir wollen den Ausgang vorher wissen, wollen Sicherheit, dass alles gut wird, bevor wir auch nur einen Flügel rühren. Aber so funktioniert das nicht, Shona, mein Schatz. Das Leben sagt: ›Komm, Vogel, flieg. Verlass deinen Käfig, ich helfe dir.‹ Tapfer der Vogel, der es wagt, denn er bekommt dafür die Fülle des Lebens als Geschenk, die Größe des Himmels und ein Potenzial ohne Grenzen.«

»Ja. Ja, ich glaube, das kann ich jetzt sehen.« Shona nickte. »Aber noch einmal: Wenn ich mich anders entschieden hätte, was dann? Hättest du mich dann verlassen?«

»Das hätte ich tun müssen, es ist Teil der Abmachung. Und manchmal habe ich wirklich gedacht, so würde es enden. Einige Male habe ich gedacht, in deinen Plänen wäre kein Platz für mich.«

Shona schwieg lange. Sie dachte über das nach, was die andere Shona gesagt hatte, und erinnerte sich an die vielen Male, die sie vom Weg abgekommen war. Natürlich hatte sie damals gar nicht gewusst, dass es einen Weg gab. Aber ein Gedanke verwirrte sie immer noch, und jetzt sprach sie ihn aus.

»Weißt du, manchmal denke ich darüber nach«, sagte sie. »Und ich höre deine Meinung dazu auch wirklich gern, du Kluge.« Sie lachte und streckte sich aus, um die andere Shona zu umarmen. »Ich war immer schon frei, nicht wahr? Warum ist es dann so wichtig, in die Freiheit zu fliegen, warum sind der klarblaue Himmel und das endlose Potenzial und die Suche nach der Bestimmung so wichtig? Wenn ich doch immer schon frei war.«

»Ja, ich wusste, dass dir dieser Gedanke eines Tages kommen würde«, erwiderte die andere Shona, und ihr Gesicht leuchtete vor Stolz. »Ehrlich gesagt, eigentlich hatte ich gehofft, du würdest irgendwann darauf kommen. Denn hier liegt ja die Crux. Natürlich warst du immer schon frei. Aber hast du es auch gewusst? Der Käfig, der dir zum Zuhause geworden war und an dem du so gehangen hast – du wolltest ihn am liebsten gar nicht verlassen.« Die andere Shona ließ ihre Worte ein wenig wirken. »Ich musste dich überzeugen, dass es mehr gibt als diesen Käfig, erinnerst du dich? Dir kam der Gedanke lächerlich vor, alles aufzugeben, was du hattest, nur um dich auf die Suche nach etwas Unbekanntem zu machen.«

Shona erinnerte sich an einige Worte, die damals gesprochen worden waren. »Der Käfig ist eine Falle.« Hatte sie das wirklich gesagt? Und wie war es mit der Bequemlichkeit, der Sicherheit?

Wie immer schien die andere Shona schon zu wissen, was Shona dachte. »Ja«, nickte sie und sprach den Gedanken aus. »Manchmal muss man alles Vertraute verlassen, alles, was zum eigenen ›Zuhause‹ gehört, um das wahre Zuhause zu finden und zu erkennen, wer wir wirklich sind. Wenn du Hingabe lernst und dich dem Fluss des Lebens anpasst, kann nichts schiefgehen – alles ist vollkommen. Genau so, wie es ist. Das Leben unterstützt uns, geliebte Shona. Was auch immer geschieht, geschieht für dich, nicht gegen dich, auch wenn es manchmal so aussehen mag. Alles geschieht zu deinem höchsten Besten. Die Wahrheit ist: Wir sind nicht vom Leben getrennt.« Die andere Shona wartete einen Moment, bevor sie nachdenklich hinzufügte: »Vielleicht klingt das seltsam für dich, aber ja, du musstest erst in einem Käfig leben, um zu verstehen, was es bedeutet, in die Freiheit zu fliegen. Und jetzt bist du frei im wahrsten Sinne des Wortes. Du hast gewagt, mir zu vertrauen, deiner inneren Stimme, deinem inneren Wissen, deiner Wahrheit. Erinnerst du dich, dass du dich einmal gefragt hast, was Vertrauen bedeutet und wem du vertrauen sollst? Nun, meine Geliebte, du hast deine Lektion gelernt. Du hast dich hingegeben und dem Leben gestattet, sich zu entfalten. Du hast dir selbst gestattet, in die Freiheit zu fallen.« Die andere Shona lachte leise. »Du warst so mutig, den Käfig deiner Komfortzone zu verlassen, und du bist genau da angekommen, wo du hingehörst.«

Shona schaute zu Zorro hinüber. Genau in diesem Moment schaute er zu ihr, wie es so oft geschah. Ein liebevoller Blick ging zwischen ihnen hin und her.

»Hingabe! Vollkommenheit! Hingabe! Vollkommenheit!« Die beiden Worte wechselten sich in Shonas Kopf ab, während sie ihren Seelengefährten und besten Freund ansah.

»Hinkommenheit! Vollgabe!«, krächzte sie, flog in Kreisen in die Höhe und schlug einen Looping im klarblauen Himmel. Ein freier Vogel.

DIE GESCHICHTE HINTER DER GESCHICHTE

Diese Parabel basiert auf einer wahren Geschichte. Sheila (Chhabra) ist eine gute Freundin von mir, eine leidenschaftliche Vogelbeobachterin, unermüdliche Reisende und Lehrerin. Und zwar eine ganz besondere Lehrerin, die kleinen Kindern die Wunder der Natur und des Lebens in all seinen unendlich vielen Formen nahebringt. Solange ich sie kenne, bin ich von ihrer Leidenschaft fasziniert und beeindruckt. Den einen Tag sammelt sie Würmer für ihre Klasse, den anderen sucht sie nach einem Kokon, damit die Kinder sehen können, wie sich eine Raupe in einen Schmetterling verwandelt, und dann verbringt sie wieder ganze Nächte an einem Strand in Orissa und hilft Olive Ridley, frisch geschlüpfte Schildkröten auf ihrem Weg zum Meer zu begleiten.

Sie war es auch, die mir von Shona erzählte. Die Geschichte war allerliebst. Genau wie in meiner Erzählung wurde der kleine Papagei zu Sheila gebracht, nachdem er aus dem Nest gefallen war. Sie fütterte ihn, passte auf ihn auf und schickte ihn nach zwei Monaten hinaus in die Freiheit. Wie Sie sicher schon erkannt haben, habe ich mir an dieser Stelle einige dichterische Freiheiten genommen. Aber tatsächlich kam Shona ein paar Tage später (nicht nach Monaten, auch da habe ich mir Freiheiten erlaubt) zurück, um Sheila zu »zeigen«, dass sie Gefährten gefunden hatte: zwei andere Alexandersittiche. Als wollte sie ihr sagen, dass alles in Ordnung war. An dem Tag, als sie hungrig und müde zurückkam, flog sie ins Haus und aß alles auf, was man ihr anbot. Dann schlief sie ganz erschöpft auf Sheilas Schulter ein und saß da zwei Stunden lang, in denen ihre »Mutter« es nicht wagte, sich zu rühren. Die nächsten paar Tage verbrachte sie die Nächte zu Hause und die Tage draußen in der »Wildnis«, bis sie dann eines Tages nicht mehr zurückkam. »Ich bin sicher, sie hat ihren *gabroo jawan* gefunden, ihren tollen jungen Mann«, sagt Sheila mit leichter Wehmut. »Und eines Tages wird sie kommen und mir ihn und den Rest ihrer Familie vorstellen.« Auch da habe ich mir ein wenig dichterische Freiheit genommen, liebe Sheila. Im Buch ist dein Traum schon Wirklichkeit geworden.

Ja, die »wahre Geschichte« hatte ich im Kopf und im Herzen. Sie schlug dort Wurzeln und beschloss eines Tages, sich zu der Parabel zu entwickeln, die ihr, meine Leserinnen und Leser, jetzt in der Hand haltet. Shona war der perfekte Stoff, und während ich schrieb, erwies sie sich als ein reizender, sehr »menschlicher«, oft verletzlicher, aber sehr kluger Papagei, der es wagte, in die Freiheit zu fliegen.

Und sie flog in vielerlei Hinsicht in die Freiheit. Die Geschichte schrieb sich sozusagen selbst. Während Shona wuchs, schien sie die Erzählung zu diktieren, und ich war eher ihr Zeuge, der alles aufschrieb, als dass ich etwas erfunden hätte. Ich habe dieses Buch nicht geplant oder über seinen Inhalt und die Struktur entschieden. Sie nahm Fahrt auf und geschah einfach. Ich muss gestehen, manchmal staunte ich selbst und war überrascht über die Wendungen, die sie nahm. Und wenn ich sie wieder las, freute ich mich darüber. Es war eine Übung im »Fließen«, und ich genoss jede Minute.

Dabei lernte ich auch einige anderer Lektionen. Das Manuskript beschloss tatsächlich, in die Freiheit zu fliegen. Als ich fast neuntausend Wörter geschrieben hatte und am Computer mit Kapitel sieben begann, verschwand sie plötzlich vor meinen Augen vom Bildschirm. Die neuntausend Wörter waren weg, als hätten sie sich auf den Weg in den klaren blauen Himmel gemacht. Zunächst war ich optimistisch, dass ich sie mit einem Mausklick oder mit Hilfe eines Computerspezialisten wiederfinden würde. Es gab doch Suchfunktionen für verlegte Dokumente, meine kostbaren, verlorenen Wörter würden schon wieder auftauchen. Ich flehte meine Begleiter (höhere Wesen, die immer bei mir sind) an, erst besänftigend, dann wütend und ungläubig. So etwas konnte doch nicht ausgerechnet mir passieren! »Wenn ihr mir diese Worte diktiert habt, warum lasst ihr sie dann verschwinden?«, fragte ich beleidigt. Ich nutzte alle Visualisierungstechniken, die ich gelernt hatte, rief alle Engel zu

Hilfe, aber ohne Erfolg. Die Datei erschien im Verzeichnis mit einer Datenmenge von dreizehn Kilobyte. Null Wörter, Null Buchstaben.

»Hast du denn keine Sicherungskopie gemacht? Hast du sie nicht noch irgendwo anders gespeichert?«, fragten mich alle, denen ich davon erzählte, ungläubig. Und dann sagten sie alle, so etwas sei ihnen auch schon passiert, und versorgten mich mit allerlei Horrorstorys.

Ja, so etwas passiert wohl. Aber es ist wie immer im Leben: Wenn man selbst etwas durchmacht, ist es kein Trost, dass es jemand anderem auch schon passiert ist.

Nun, irgendwann hörte man im Verlag Hay House, bei dem auch schon vorher ein Buch von mir erschienen war, von meinen Schwierigkeiten. Ein junger Mann, Raghav Khattar, der ein echter Computerzauberer ist, erklärte sich bereit, sich das »Problem« anzusehen. Nach einem Tag Daumendrücken und weiteren Anrufungen der Engel und aller höheren Mächte rief Raghav an.

»Fängt das Manuskript mit ›Der Morgen brach an‹ an?«, fragte er zögernd.

»Ja! Ja, das ist es! Sie haben es also gefunden?«

»Einen Teil«, erwiderte er. »Etwa viertausend Wörter.«

Ich war außer mir vor Freude. Zumindest musste ich nicht wieder ganz von vorn anfangen. Aber die anfängliche Freude wurde bald wieder gedämpft. Am Nachmittag rief ich Raghav noch einmal an und bat ihn, nach dem restlichen Text zu suchen. Wenn er viertausend Wörter finden konnte, würde es ihm doch sicher gelingen, auch den Rest aufzuspüren, sagte ich mit meiner vernünftigsten Stimme zu ihm und versuchte, meine Verzweiflung zu verbergen. Aber es sollte nicht sein, es gelang ihm leider nicht. Raghav flog an diesem Abend nach Ladakh, um mit Freunden eine längere Wanderung zu unternehmen. Er schrieb mir noch eine rätselhafte Mail, in der es hieß, offenbar müsse ich aus irgendwelchen Gründen einen Teil des Buchs noch einmal neu schreiben, und er sei sicher, dass es mir diesmal besser gelingen werde als beim ersten Mal. An diese Abschiedsmail hängte er die gefundenen Teile an, denen er den Dateinamen »Flying Free, Recovered and Rectified« gegeben hatte – »Ausgeflogen, wiedergefunden und berichtigt«.

Wenn mich damals jemand gefragt hätte, wie ich mich fühlte, wären in meiner Antwort ganz sicher die Wörter »wiedergefunden und berichtigt« vorgekommen. Ich machte mich wieder an die Arbeit und schrieb neu, was offenbar besser werden musste. Und ich dachte nach.

In meinem Freundeskreis bin ich oft eine Quelle der Heiterkeit und manchmal, ehrlich gesagt, auch des Staunens, weil ich aus fast allem, was mir oder meiner Umgebung passiert, eine metaphorische Lehre ziehen kann. Diesmal genossen sie es besonders, weil diese Lektion bis zum Rand mit Übungsmaterial angefüllt war.

Warum begriff ich es nicht? Hatte ich die Lehre von der

Anziehung nicht gelernt? Konnte ich nicht praktizieren, was ich predigte? Warum hatten meine Begleiter und Engel, die doch immer um mich waren, während ich schrieb, sich so unnachgiebig gezeigt? Ganz allmählich und kaum merklich wurde es mir in den nächsten paar Tagen klar. Diese Lektion hier war viel größer, es ging nicht nur um mein Können oder meine unmaßgeblichen Wünsche. Diesmal sollte ich endlich lernen zu glauben, dass alles, was mir passiert, richtig für mich ist. Ich sollte Vertrauen und Glauben lernen. Ich wurde angeleitet, meinen Glauben festzuhalten und zu vertiefen, gerade wenn es nicht so lief, wie ich es mir wünschte. Tatsächlich lernte ich durch Ausprobieren die Bedeutung von Hingabe und Vollkommenheit. Und genau diese beiden Wörter ruft Shona, als sie voller Freude in den Himmel fliegt und endlich ein ganz und gar freier Vogel ist.

Ich lernte natürlich auch, Sicherungskopien zu machen, meinen Text gelegentlich zu speichern und all die anderen Dinge, mit denen man sich absichern kann. Ich fing an, mir selbst Mails mit allem zu schicken, was ich geschrieben hatte, und schaffte mir sogar einen USB-Stick an. Mein Speicher war voll mit Kopien des Manuskripts und Kopien der Kopien. Aber sie alle hätten sich ebenso in Luft auflösen können wie die Ursprungsdatei, nicht wahr? Es gibt kein Backup, wenn das Leben dazwischenkommt, begriff ich in diesen Tagen. Und vor allem: Man braucht auch gar kein Backup. Es hat wenig Sinn, sich wie wild für die Zukunft abzusichern. Das geht nicht. Unsicherheit gehört zum Leben. Nichts in unserem Leben ist sicher oder bleibt, wie es ist. Wir versuchen, selbst die Richtung zu bestimmen. Aber Kontrolle über unser Leben ist eine vollkommene Illusion, und das wissen wir auch alle tief im Inneren. Tatsächlich brauchen wir nur ein einziges »Backup«: Hingabe ans Leben, Loslassen aller Widerstände, Freude an dem, was ist. Offenheit und Verfügbarkeit für das Geheimnis, so sieht ein gutes Leben aus. Denn damit beginnt das Leben wirklich in seinem weitesten, breitesten Sinne.

Als ich das endlich begriff, verneigte ich mich dankbar vor meinen Begleitern, weil sie mir mit so viel Mitgefühl eine wichtige Lektion erteilt hatten. Weil sie mir nicht meinen Willen gelassen hatten und weil sie da waren, um mir alles noch einmal zu »diktieren«, was ich verloren hatte. Mein Gewinn war umso größer.

Damit aber nicht genug der wahren Geschichten. Diese Geschichte ist nämlich für jeden von uns wahr. Es ist deine Geschichte genauso sehr wie meine. Sie trifft auf jeden von uns zu, der beschlossen hat, in menschlicher Gestalt auf der Erde zu leben. Denn wenn wir das getan haben, leben wir per definitionem zunächst in einem Käfig und verdienen es, frei zu sein.

Der erste Schritt besteht darin, diese Tatsache anzuerkennen. Shona versteht, dass Bequemlichkeit, Sicherheit und Schutz Gitterstäbe sind, die uns daran hindern, ins Unbekannte aufzubrechen und das unendliche Potenzial zu nutzen, das wir alle in uns tragen. Zweifel, Ängste und falsche Glaubenssätze hindern uns daran, alles hinter uns zu lassen, was vertraut und bequem ist. Was wir mögen oder nicht mögen, Erwartungen und Perspektiven, Ausgangspunkte, die unseren Blick lenken – all das beschränkt uns noch zusätzlich. Jede und jeder von uns hat eine eigene Geschichte, eine Vergangenheit, die unsere Gegenwart beeinflusst und bestimmt. Immer wieder im Leben fühlen wir uns in einer Sackgasse, belastet und freudlos. Auch die Zukunft bereitet uns Sorgen. All das sind Fallen unseres Ichs, Gefühle von Abgetrenntheit, in die wir »hineinfallen«. Sie hindern uns daran, wirklich zu leben und den Augenblick zu genießen.

Aber das alles ist nicht unser natürlicher Zustand. Wir sind in unserem Körper und Geist gefangen und haben vergessen, wer wir wirklich sind. Auch das ist ein Käfig, in dem wir es uns bequem einrichten. Der Rest der Reise wird dann zu einem Prozess des Umgangs mit den Umständen, in denen wir uns befinden. Und oft genug auch der Manipulation dieser Umstände. Unser wichtigstes Werkzeug dabei ist unser Geist. Er ist der Sitz unseres Ichs und hilft uns, »für uns selbst zu sorgen«, »die Kontrolle zu behalten«, »Fortschritte zu machen« und »in Sicherheit zu sein«.

Er bietet uns eine Identität, mit deren Hilfe wir uns selbst definieren können, um in der Welt zu funktionieren. Das ist auch nötig. Aber ganz allmählich wird unsere Identifikation zu stark. Wir können uns ein Leben ohne sie gar nicht mehr vorstellen. Und indem wir unseren Geist und unser Ich benutzen, um unsere Umgebung zu verstehen und damit zurechtzukommen, verstärkt sich die Trennung. Die Wunder und Geheimnisse des Lebens werden durch die Illusion von Kontrolle ersetzt.

Und so trennen wir uns von unserem wahren Selbst. Schranken und Grenzen, die Gitterstäbe unseres Käfigs, werden immer stärker und undurchdringlicher. Wir stellen sie selbst auf. In unserem Eifer, uns zu verteidigen und in Sicherheit zu bringen, schneiden wir uns von der Quelle ab, von der Essenz unseres Seins. Tatsächlich ist unsere Ich-Identität ein Käfig – ein Käfig, den wir selbst nicht erkennen. Wir richten uns bequem darin ein und wollen ihn nicht mehr loslassen. Er definiert uns.

Wie Shona ganz richtig überlegt: Sind wir nicht längst frei? Ja, das sind wir. Unser wahres Wesen ist die reine Bewusstheit: riesengroß, unendlich, grenzenlos. Aber solange wir uns mit unserem Körper und Geist und ihren illusionären Dramen identifizieren, vergessen wir diese Wahrheit. Man könnte es mit einem tiefen Schlaf vergleichen, mit der Vorstellung, der Traum sei die Wirklichkeit. Was brauchen wir, um unseren natürlichen Zustand wiederzuerlangen, die Freiheit? Die Schönheit und Einfachheit der »Lösung«, wenn man es denn so nennen kann, ist geradezu verwirrend. Denn unser Geist ist vertraut mit komplizierten Möglichkeiten auf der Grundlage unseres Tuns. In diesem Fall jedoch deutet die Lösung in die andere Richtung. Hör auf mit dem endlosen Tun und sei einfach. Hier und jetzt. Im gegenwärtigen Augenblick, wo du immer warst und wo du vollständig bist. Zeitlos, endlos. Teil des Ganzen.

Erwach aus deinem Traum. Erkenne den Käfig und wisse, dass er nicht deine wahre Identität ist. Hör auf, dich an seine Gitterstäbe zu klammern und tritt hinaus in die Ruhe deines wahren Selbst.

Wenn ich mir eins für dich wünschen dürfte, liebe Leserin und lieber Leser, dann würde ich mir wünschen, dass du erkennst, wer du wirklich bist. Ein freier Vogel.

R. S.

DANK

Meine Begegnung mit »Wem auch immer« in Devlon, Srirangapatnam, erleuchtete und veränderte den Lauf meines spirituellen Weges. Ich lernte – oder sollte ich besser sagen: verlernte? – sehr viel während der zwei Retreats, die ich bei ihm besuchte. Zunächst stieß er mich von der Klippe, damit ich lernte, dass es nur einen Weg gibt: den freien Fall. Danke, Wer-auch-immer!

Aeshna Roy hat dieses Manuskript sorgfältig und mit einer anrührenden Achtung vor dem ursprünglichen Text lektoriert. Sie besitzt eine seltene Eigenschaft: einen bejahenden Geist, der die Arbeit zu einer echten Freude macht. Aeshna, ich danke dir für deine Begeisterung angesichts neuer Ideen, deine unterstützende Art und deine Kreativität.

Pari bin ich zum ersten Mal im National Institute of Design in Ahmedabad begegnet, wo sie einen Workshop besuchte, den ich leitete. Scherzhaft sagte ich, ich könnte schon vor mir sehen, wie sie ihre eigene Designfirma gründete und dort wunderbare Arbeit leistete. Eines Tages würde ich mir ihre Dienste nur noch mit Mühe leisten können. Damals lachten wir darüber, aber heute bin ich froh, sagen zu können, dass es genauso kam, wie wir es vorhergesehen hatten. Mit der Zusammenarbeit an diesem Buch wurde ein alter Traum wahr. Ihre zauberhaften Illustrationen machen es erst richtig lebendig. Danke, Pari!

Malabika Shaw und Sujata Malik: Danke für die Synergie bei der Formulierung des englischen Titels.

Und schließlich, danke an den Verlag Hay House für die zweite Chance, dieses Kind zur Welt zu bringen.

Dieses Buch ist durch mich hindurchgeflossen. Ich bin den Kräften dankbar, die mein Schreiben und alle führen, für die es geschrieben ist. Es ist mir eine Ehre, dass ich zum Werkzeug dafür ausgesucht wurde.